Philippe POTEL-BELNER

département de
la Manche

histoire et géographie anciennes

langue-et-histoire: volume 266

novembre 2024

ISBN : 978-2-3225-1689-6

Édition : BoD · Books on Demand GmbH,
In de Tarpen 42, 22848 Norderstedt
(Allemagne)
Impression : Libri Plureos GmbH,
Friedensallee 273, 22763 Hamburg
(Allemagne)
Dépôt légal : Novembre 2024

© copyright Philippe POTEL-BELNER, 2024
 Buis-les-Baronnies (France)
 potel-belner@laposte.net

photo couverture: édition Konrad MILLER en 1887/88 de la Table de Peutinger, carte routière antique, recopiée au Moyen Age.

déjà publiés aux éditions BoD
-volume 4R: réédition 2024 de l' ouvrage de 2012, *la Première Histoire de l' Humanité: des mythes qui n'en font qu'un* (juillet 2024)
-volume 14: *dictionnaire étymologique de l' hébreu* (1ère partie: l' hébreu moderne), avril 2018
-volume 15: *dictionnaire des noms celtiques masculins de l' Antiquité*, novembre 2018
-volume 28: *noms de familles de France et d' ailleurs*, septembre 2014- mai 2021
-volume 44: *Sanskrit Etymological Dictionary*, june 2017
-volume 58b: *Welsh Etymological Dictionary*, January 2021
-volume 62: *les noms des chefs gaulois de la Guerre des Gaules*, juillet 2017
-volume 148: *dictionnaire étymologique des langues gauloises*, janvier 2018
-volume 176: *études historiques et philologiques II* (n°60 à 116- janvier 2015 à août 2016), mai 2021
-volume 177: *études historiques et philologiques I* (n°1 à 59 -2010 à fin 2014), octobre 2021
-volume 181: *études historiques et philologiques III* (117 à 180 - mars 2016 à 2021), juillet 2021
-volume 185: *sanctuaires et pèlerinages d' origine gauloise*, septembre 2020
-volume 186: *manuel de toponymie française, 1ère partie: les noms de cols*, octobre 2020
-volume 188b: *Old British Personal Names*, avril 2021
-volume 192: *dictionnaire du celtique ancien des manuscrits continentaux du Haut Moyen Age*, septembre 2022
-volume 218: *gloses en ancien celtique (2ème partie) et le gotique et son importance en philologie et en histoire*, mai 2023
-volume 232: *le très ancien français - l'origine de l'ancien français: le Haut Moyen Age*, novembre 2023
-volume 237: *les descendants des tribus gauloises*, juin 2024

disponibles auprès de l' auteur
-volume 4: *la Première Histoire de l' Humanité*, juin 2012
-volume 5: *dictionnaire des mots de la langue gauloise* (1ère partie), novembre 2012

SOMMAIRE

clés et codages ---------------------- 7

bibliographie ---------------------------------- 9

la collection "langue-et-histoire" ------------------------------ 19

INTRODUCTION ------------------------------ 34

mes découvertes ------------------------------ 36

les documents historiques: ------------------------------ 39

    table de Peutinger ------------------------------ 40

    la Guerre des Gaules ---------------------- 46

    itinéraire d' Antonin ------------------------------ 47

    Notitia dignitatum ------------------------------ 49

    Histoire Naturelle de Pline l' Ancien ---------- 51

    Ptolémée ---------------------------------- 51

les peuples ---------------------------------- 55

les toponymes ---------------------------------- 66

la victoire de Sabinus ---------------------------------- 131

villes et lieux antiques ---------------------------------- 135

les anciennes voies ---------------------------------- 137

index ---------------------------------- 141

racines -- 144

liste des toponymes et hydronymes étudiés dans le livre ----- 155

la fiabilité des hypothèses historiques   -------------------------- 158

CLÉS & CODAGES

*_____ = mot quasiment entièrement reconstitué
_____* = mot dont seulement la flexion a été reconstituée; le plus souvent, j' ai conjecturé une forme au cas sujet masculin singulier (ou à l'infinitif pour un verbe) d'un mot qui présentait une flexion dans les gloses. Le mot peut aussi avoir été relevé différent dans le texte, consécutivement à une mutation phonétique, ou une *ablaut* (altération des voyelles d'un radical).

< = vient de (phonétiquement)
\> = donne (phonétiquement)
= = est phonétiquement équivalent à
\>> en résumé arrive à
e/p = écriture / prononciation
[......] utilisé par moi pour introduire une écriture phonétique, en général en utilisant l' alphabet phonétique international.
adj = adjectif
adv = adverbe
prep = préposition
NM = nom masculin
NF = nom féminin
NN = nom neutre
PPP = participe passé passif
Ppres = participe présent

ETN = ethnonyme = nom de peuple
NL = nom de lieu
NP = nom de personne = anthroponyme
NR = nom de rivière
ORN = oronyme = nom de montagne
ND = théonyme (nom de dieu)

FNM = First Name Masculine
FNF = First Name Feminine
PTN = patronyme

ancC = ancien celtique (appelé, je pense, à tort, "ancien irlandais")
got = gotique de l' Antiquité
ME = middle English = moyen anglais (XVè-XVIIIè s.)
MFR = moyen français (XVIè-XVIIIè s.)
MIr = moyen irlandais = irlandais médiéval (XVè-XVIIIè s.)
ordre des mots en gotique: þ = dd
prov = provençal *(in "Lou Pichot Tresor")*

prob. = probablement
càd = c'est-à-dire

Les dictionnaires de gallois et de gotique étant souvent en anglais, les traductions de ces langues sont, par conséquent, souvent données en anglais, pour éviter des glissements de sens entre l' anglais et le français.

wes. = **Wesserling** = un des éditeurs de l' Itinéraire, dont l'édition de Berolini a repris la numérotation.

Les distances actuelles par la route ont été fournies par le site internet: Michelin-itinéraire.

<u>Les unités de distance les plus utilisées:</u>
- le mille romain = 1000 pas = 1481 m (j' arrondis à 1,5 km)
- la lieue gauloise = 2217 mètres

<u>lexique</u>
hodonyme = nom en rapport avec les routes (grec: *hodos* = route). (même étymon que FR/angl: *route*)
 oronyme = lieu en rapport avec les montagnes.

bibliographie

Les commentaires et les évaluations sont miens, c'est-à-dire qu' ils sont considérés du point de vue d'un chercheur souhaitant comprendre le passage entre les langues antiques (grec, latin, gotique, ancien celtique) et les langues dites modernes (après le XVè s.). Ce chercheur doit donc centrer sa recherche sur le Moyen Age, le haut, comme le classique. Ces commentaires et ces évaluations peuvent également être considérés comme des conseils de lecture.

XXX = livre à déconseiller: reprise d'informations déjà existante, sources corrompues, ou autres...
*   = livre à feuilleter, et éventuellement à conserver
**   = livre qui constitue une bonne base de données, mais dont les interprétations et la méthode sont indigentes.
*** = livre renfermant des informations importantes OU / ET dont la méthode et la problématique peuvent faire progresser la science.

ancien celtique
langue-et-histoire
***-**volume 192**: *dictionnaire du celtique ancien des manuscrits continentaux du Haut Moyen Age*, septembre 2022
***-**volume 218**: *gloses en ancien celtique (2ème partie) et le gotique et son importance en philologie et en histoire*, mai 2023

***LEIA** = VENDRYES Joseph (1875-1960), BACHELLERY Edouard (...- 1988), LAMBERT Pierre-Yves, *lexique étymologique de l' irlandais ancien* (without E to L) éd. Dublin Institute for advanced studies (Irlande) & CNRS (France), de 1959 à 1996.
Très peu d' intelligence, dans ces volumes académiques.
Stifter = base de données concernant le codex de Milan, obligeamment mise en ligne par l' Université de Vienne (Autriche).
*STIFTER David, *Sengoidelc, Old Irish for beginners*, Syracuse (New-York), Syracuse University Press, 2006

ancien français
langue-et-histoire
***-volume 232: *le très ancien français - l'origine de l'ancien français: le Haut Moyen Age*, novembre 2023

**DAF = GREIMAS Algirdas Julien, *dictionnaire de l' ancien français: le Moyen Age,* Paris, Larousse, 1992 (1ère éd: 1979)
**DMF = *Dictionnaire du moyen français: la Renaissance,* Teresa Mary KEANE & Algirdas Julien GREIMAS, Paris, Larousse, 1992
***FG = = GODEFROY Frédéric (1826-1897), *dictionnaire de l' ancien français et de tous ses dialectes*, 10 volumes, de 1881 à 1902.
un ouvrage monumental.
***FG = GODEFROY Frédéric (1826-1897), *Lexique de l' ancien français (édition abrégée),* publié par les soins de J.BONNARD et A.SALMON, Paris, Champion, 2003, 633 pages.
Un abrégé du grand dictionnaire qui s' imposait, avec d' utiles additions, mais qui, à mon avis, est trop succinct, surtout en ce qui concerne les multiples phonétiques et orthographes de l' ancien français. Il manque également les mots non-traduits jusqu' à présent, et d' une manière générale, l'ouvrage ne reflète pas suffisamment les incertitudes inhérentes à l' ancien français.
**LH = Laurence HÉLIX, L' ancien français, morphologie, syntaxe et phonétique, Paris, Armand Colin, 2018.
***Moignet = *Grammaire de l' ancien français*, Gérard MOIGNET, éd. Klincksieck, Paris, 2017 (1ère éd: 1973).
ouvrage monumental, bien qu' incomplet, tant l' ancien français possède encore de mystères.
*ZINK Gaston, *l' ancien français*, Paris, Que sais-je ?, 1987.
*ZINK Gaston, *morphologie du français médiéval*, Paris, PUF, 1989.
*ZINK Gaston, *phonétique historique du français*, Paris, PUF, 1986.
Les ouvrages de G. ZINK offrent peu d'intérêt.

français contemporain
Quelques ouvrages particuliers:
**DAFP = *Dictionnaire de l' argot et du français populaire*, par Jean-Paul COLIN (dir.), Paris, Larousse, 2010

DICTIONNAIRE étymologique de la langue française, par Bloch (1877-1937) et Von Wartburg (1888-1971), Paris, Quadrige (PUF), 2002
NDE = *Nouveau dictionnaire étymologique*, par Dauzat, Dubois et Mitterand, Paris, Larousse, 1964.
Utile base de données.

vieil anglais
***Clark Hall** = *a concise Anglo-Saxon Dictionary*, by John R. CLARK HALL, New York, The Macmillan Company, 2nd edition, 1916 (1st edition: Cambridge University Press)
Eagles = *Old English Dictionary, the English language as spoken from circa 700 AD until 1100 AD*, by Matthew EAGLES, Croydon (GB), the Choir Press, 2nd ed. 2023 (1st ed. 2020).
Stratmann = *Dictionary of the old English language, compiled from writings of the XIII, XIV and XV centuries*, by Francis Henry, ed.Kramer andBaum, Krefeld (Allemagne), 1867.

anglais
*ODEE = **O**xford **D**ictionnary of **E**nglish **E**tymology, Oxford University press, 2010

gaélique
***Gaelic Dictionary*, Gaelic-English / English-Gaelic, Malcolm MACLENNAN, Edinburgh (Scotland), 1925.
*MACBAIN Alexander, *an etymological dictionary of the gaelic language,* Stirling (Scotland), 1911, 412 pages

gallois
langue-et-histoire
****-volume 58b**: *Welsh Etymological Dictionary*, January 2021

***RHYS JONES T.J., *le gallois, cours complet pour débutants*, traduction, adaptation et notes complémentaires de J-Y.PLOURIN, éd.Armeline, Crozon, 2000 (l'édition originale anglaise date de 1991)
***DICTIONNAIRE français-gallois, gallois-français*, Aberystwyth (Pays de Galles) 2000.
****YGM** = *Y Geriadur Mawr*, by MEURIG EVANS H., THOMAS W. O., Llandy-

sul (Wales), Gwasg Gomer, 2009 (1st published 1958)

langues gauloises
langue-et-histoire
***volume 148**: *dictionnaire étymologique des langues gauloises*, Philippe POTEL-BELNER, St-Pair/mer, éd.BOD, janvier 2018.
Enfin un ouvrage qui fait un point scientifique sur la connaissance des langues gauloises et, en même temps, ouvre de nouvelles perspectives.

**LAMBERT Pierre-Yves, *La langue gauloise*, Paris, Errances, 2002, 248 pages
Base de données seulement !
*XD1 = DELAMARRE Xavier, *Dictionnaire de la langue gauloise*, Paris, ERRANCE, 2003, 2ème édition: 2008
compilation des hypothèses académiques concernant les langues gauloises. Mais il ne suffit pas qu'une hypothèse soit rabâchée par plusieurs générations successives et pendant plus d'un siècle, pour qu' elles deviennent des vérités. Toute la partie étayée par des noms de personnes est ridicule.

gotique
**A GOTHIC ETYMOLOGICAL DICTIONARY*, by Winfred LEHMANN, Leiden (Pays-Bas), éd.BRILL, 1986 (from Sigmund FEIST: *Vergleichendes Wörterbuch der Gotischen Sprache*)
Très utile...
***Gothic Grammar*, Wilhelm BRAUN (translated from the second German edition by G.H.BALG) , New-York, Westermann & co, 1883.
**the Gothic language*, Irmengard RAUCH, New-York, Peter Lang Publishers, 2011.
Compilation de ce qui a été dit sur le gotique, pleine de pédanterie et d' académisme, comme savent le faire les universitaires anglo-saxons. A grand renfort de schémas et de lois de machin... Aucune réflexion ou démarche scientifique.

grec ancien
***BAILLY A., *(abrégé) dictionnaire grec-français,* Paris, Hachette, 1901

*DELG = CHANTRAINE Pierre, *Dictionnaire étymologique de la langue grecque*, Paris, éd.Klincksieck, 1999 (1ère édition: 1968)
Peu d'intérêt.

irlandais médiéval
Old Irish on line = dictionary Old Irish- English / English-Old Irish, mis en ligne par l' Université d' Austin (Texas, Etats-Unis)
 Très bonne et sérieuse référence, qui ne mélange pas l' ancien celtique et l' irlandais médiéval ! chose rare ! de plus, qui donne les occurrences et références de chaque mot dans les textes irlandais.

latin
****DICTIONNAIRE latin-français*, Henri GOELZER, Paris, éd. GARNIER, nouvelle édition ca.1970 (1ère édition 1928) (plus pratique que le Gaffiot)
****Félix GAFFIOT:** *dictionnaire latin-français* (1934)
***DELL** = ERNOUT Alfred et MEILLET Alfred, *Dictionnaire étymologique de la langue latine,* Paris, éd.Klincksieck, 2001 (1ère édition: 1932)
Peu d'intérêt

langue dite "romane"
*****VV** = VÄÄNÄNEN Veikko, *introduction au latin vulgaire*, Paris, éd. Klincksieck, , 2012 (1ère éd: 1963).
Très bon livre scientifique, au bon sens du terme. Malheureusement, il manque à M.Väänänen le recul nécessaire. Mais cela est propre à tout latiniste, comme tout sanskriste, car ces monuments linguistiques ne peuvent se comprendre qu' en les survolant.

langues nordiques (norrois)
***English-old Norse Dictionary*, by ARTHUR Ross G., Cambridge, Ontario, Publisher: In Parentheses Publications (Linguistics Series), 2002.

sanskrit
*****volume 44**: *Sanskrit Etymological Dictionary*, Philippe POTEL-BELNER, St-Pair/mer, éd.BOD, june 2017.

L' origine de toutes les langues !
***DSF = Dictionnaire Sanskrit-français, par N.STCHOUPAK, L.NITTI et L.RENOU, Paris, éd.Maisonneuve 1932; tirage de 1987
**FILLIOZAT Vasundhara, *Eléments de grammaire sanskrite*, Paris ?, éd. Agamat, 2007 ?
***TB = Theodore BENFEY, *a sanskrit-english dictionary*, New Delhi, éd. Asian Educational Services, 1991 (1ère édition: 1866)
Une autre manière d' aborder le sanskrit.

ouvrages généraux

*Etymologisches Wörterbuch der indogermanischen Sprachen, herausgegeben and bearbeitet von Julius Pokorny, par Alois WALDE, Berlin & Leipzig, 1928-1932, 3 volumes.
[xxx] IEW = *Indogermanisches etymologisches Wörterbuch*, par Julius POKORNY, Berne & Munich, Francke Verlag, 1959-1969.
Les ouvrages de Pokorny, Benveniste et les autres, appartiennent à une autre époque, celle d'avant mes premiers ouvrages. Les informations véhiculées dans ces ouvrages sont fausses, embryonnaires ou caricaturales. Le problème est que ces ouvrages, faute de remplaçants, servent encore et toujours de références aux linguistes. A voir la manière dont mes recherches ont été accueillies, on comprend parfaitement les désirs d' immobilité du monde académique.
***IPT = *International Philology and Theology / Philologie et Théologie Internationale*, revue mensuelle anglais-français, depuis 2019.

ouvrages historiques

**CHEVALLIER Raymond, *les voies romaines*, Paris, Picard, 1997
Bien qu' académique, l'ouvrage est une telle somme de connaissances qu' il est indispensables de le lire quand on s'intéresse aux routes anciennes. Malheureusement, la vision reste très générale, et les voies sont grossièrement tracées. Carte page 218: on distingue l' ancien tracé traversant la baie, ainsi que la voie Rennes-Bayeux par St-Martin-le-Bouillant.
***FAVIER Jean, *Dictionnaire de la France médiévale*; Paris, Fayard, 1993, 982

palaeo-ethnologie celtique
***langue-et-histoire**, volume 237: *les descendants des tribus gauloises*, Buis-les-Baronnies, éd. BoD, 2024

Ou comment les hommes ont été incapables de réexaminer sereinement les sources de l' Histoire...

xxx -FICHTL Stephan, les peuples gaulois, Paris, éd. Errance, 2004.
Travail scolaire sans intérêt

**PJ = Philippe JOUËT, *dictionnaire de la mythologie et de la religion celtique*, éd. Yoran Embanner, Fouesnant (Bretagne, France), 2012.

Ouvrage assez complet, mais qui présente des lacunes sur le plan linguistique et interprétatif (à quoi bon mettre Dumézil à toutes les sauces ? –son idée tripartite est un angle d' interprétation très partiel et superficiel. Cet angle est surtout pratique, pour ne rien dire d'important et de fondamental)

***moreau** = MOREAU Jean, *dictionnaire de géographie historique de la Gaule et de la France*, Paris, éd.Picard, 1972

Référence sérieuse, sans interprétation, mais évite de longues recherches préliminaires.

***MOREAU Jean, *Supplément au dictionnaire*, Paris, éd.Picard, 1983
****PERSIGOUT Jean-Paul, *dictionnaire de mythologie celtique*, Paris, éd. Imago, 2009

Il est toujours intéressant de croiser ses sources.

toponymie   (ouvrages les plus fréquemment consultés)

langue-et-histoire
***-volume 185**: *sanctuaires et pèlerinages d' origine gauloise,* septembre 2020
***-volume 186**: *manuel de toponymie française, 1ère partie: les noms de cols,* octobre 2020

*DE BEAUREPAIRE François, *les noms des communes et anciennes paroisses de la Manche*, Paris, éd.Picard, 1986

ouvrage académique, très éloigné des langues vernaculaires du Cotentin dont les habitants ne parlaient pas le latin, mais d'innombrables langues celtiques, germaniques et scandinaves, dont il n' a malheureusement aucune connaissance, ni envie de connaître

Je ne résiste pas à vous montrer les multiples prononciations des mots anciens, en analysant son patronyme: il appartient à (ablatif: de) la descendance (beau < bel = même étymon que *filius*) de Robert (autre prononciation de *Repaire*). Puisse cela vous ouvrir les yeux, et surtout les oreilles !

xxx-BILLY Pierre-Henri, *dictionnaire des noms de lieux de la France*, Paris, éd.Errance, 2011

La montagne CNRS a accouché d'une souris, d'où mon évaluation défavorable !

*DAUZAT Albert, *dictionnaire étymologique des noms de rivières et de montagnes de France*, Paris, éd. Klincksieck, 1978

Les mots hérités de notre passé n' ont pas encore été analysés scientifiquement. Dauzat ne représente que la première étape. Mes études en constituent la seconde.

**DAUZAT Albert (2ème édition revue et complétée par CH. ROSTAING), *dictionnaire étymologique des noms de lieux en France*, Paris, éd. Guénégaud, s.d. (1ère édition: 1963)

Seulement utilisable en base de données.

xxxDELAMARRE Xavier, *noms de lieux celtiques de l' Europe ancienne*, Arles, éd.Errance, 2012

sempiternelle accumulation d' idioties héritées de générations d'académiques...

xxx-GENDRON Stéphane, *l'origine des noms de lieux en France*, Paris, éd.Errance, 2008

Très peu d'intérêt à cet ouvrage académique

*GENDRON Stéphane, *la toponymie des voies romaines et médiévales*, Paris, éd. Errance, 2006

xxx-LEPELLEY René, *dictionnaire étymologique des noms de communes de Normandie*, Caen, éd.Charles Corlet / Presses Universitaires de Caen, 1993

Reprise des sempiternelles fadaises avec un grand manque de rigueur et de questionnement scientifique. Les langues anciennes parlées en Normandie ne se résument pas au latin et aux langues scandinaves...

**NÈGRE Ernest, *Toponymie générale de la France*, 3 volumes, Genève, éd.DROZ, 1990-91
Utile base de données
*RENAUD Jean, *vikings et noms de lieux de Normandie*, Cully (Calvados), OREP éditions, 2009
Il faut considérer cet ouvrage comme un ouvrage très spécialisé, qui ne recenserait que les quelques noms de lieux strictement d'origine scandinave. Il reste que le lexique censé servir de référence est très succinct (mais basique), dans lequel il manque surtout quelques grands thèmes de la toponymie: les routes, les qualificatifs (grand, sûr, convenable), etc... (quasiment aucune des entrées ne concerne mon présent ouvrage)

Histoire locale
***CAG50: PILET- LEMIÈRE J. et LEVALET Daniel, *Carte archéologique de la Gaule: la Manche*, Paris, éd. Académie des inscriptions et belles-lettres, 1989
***CHESNEL P., *le département de la Manche depuis les origines jusqu' au XIIè s*, 2nde édition, sans date, vers 1930
Etude remarquable, avec beaucoup de détails intéressants et des tentatives méritoires (dans *Cosedia*, il y a *-edia* = maison !)
**CLÉRAUX Bernard, *La Lucerne d'Outremer à travers les siècles*, Parigny (Manche), Imprimerie Nouvelle, 1993
Il faut mettre en avant ces témoignages et ces documents essentiels au futur de l' Histoire locale: il faut consigner la mémoire des lieux. Ici, l' auteur l' a fait de manière passionnée, raisonnée et méticuleuse.
**COUTIL Léon, *les Unelli, les Ambivariti et les Curiosolitae- ethnographie et topographie*, in Bulletin de la Société Normande d'études préhistoriques, 1905
intéressante synthèse de toutes les hypothèses anciennes
DE GERVILLE Charles, *Des villes et voies romaines en Basse-Normandie*, Valognes, éd.Carette-Bondessein, 1838
LE HÉRICHER Édouard, *l' Avranchin monumental et historique*, 2 vol., Avranches, éd.Tostain, 1845-1846
***LEVALET Daniel, *Avranches et la cité des Abrincates*, Société des antiquaires de Normandie, 2010

Synthèse réalisée par un archéologue de métier. Un modèle pour tous les historiens locaux
La Manche, toute une histoire, sous la direction de Jean-Baptiste AUZEL, Saint-Lô, Conseil départemental de la Manche, 2016

documents historiques
itinéraire d'Antonin: itinerarium Antonini Augusti et Hierosolymitanum, édition Berolini, 1848.
Notitia dignitatum
version latine: www.thelatinlibrary.com, par William L. CAREY, Virginia (USA)
Pline l' Ancien, *Histoire Naturelle*: livre IV
1-version latine: www.thelatinlibrary.com, par William L. CAREY, Virginia (USA)
2- version bilingue latin-français, traduite et annotée par Alain SILBERMAN et Hubert ZEHNACKER, Paris, Les Belles Lettres, 2015
Ptolémée, *Geographia*, livres 1 et 2
édition en grec, de Karl Friedrich August NOBBE, 1843
César: *Guerre des Gaules*, édition bilingue
livres I à IV, Paris, Les Belles Lettres, 1967
livres V à VIII, Paris, Les Belles Lettres, 1987

la collection "langue-et-histoire":
Seuls les ouvrages en gras ont été publiés.

vol 1-la religion gauloise et l' Atlantide (nov.2011)
vol 2-les énigmes d' Homère (janv 2012)
Décryptage de l' oeuvre d' Homère.
vol 3-expressions gauloises (1ère partie)(mai 2012)
De nombreuses expressions françaises populaires font référence à une langue qui n' existe plus et qui est à découvrir.
vol 4-la Première Histoire de l' Humanité (juin 2012), disponible auprès de l' auteur
Le document oral rapporté par Platon est le premier document historique. Les mythes ne sont pas là où on pense...Ils sont là où l' Eglise a voulu interférer sur l' Histoire...
vol 4b-the First History of Humanity (june 2012)
vol 4R- réédition 2024 du vol.4: *la Première Histoire de l' Humanité* **(juillet 2024)- éditions BoD**
vol 5-dictionnaire des mots de la langue gauloise (1ère partie) (novembre 2012)- disponible auprès de l' auteur
Première tentative de traduction des langues gauloises; avec beaucoup d' arguments essentiels et inattaquables.
vol 6-toponymie gauloise (mai 2013)
Les mots de la toponymie française appartiennent à des langues peu connues, que l' on peut essayer de reconstruire, à défaut de traces écrites.
vol 7-l' Apollon gaulois (mai 2013)
Recherches sur le symbolisme d' Apollon dans l' iconographie et les inscription de la Gaule.
vol 8-correspondances des noms de personne gaulois avec les noms de personne actuels (mai 2013)
Les prénoms et les noms de famille français ne peuvent se comprendre qu' avec les anciennes langues. Cela paraît un truisme, mais les intellectuels actuels n' en ont pas conscience...
vol 9-dictionnaire des dieux et déesses de l' Inde (sept 2013)
L' Inde est évidemment le berceau des civilisations.
vol 10-dictionnaire des noms de famille français (sept 2013)
vol 11a-dictionnaire des langues celtiques antiques (oct 2013)
vol 11b-ancient Celtic languages dictionary (oct 2013)

vol 12- les cachets d'oculistes (oct 2013)
Etude épigraphique des cachets d' oculiste.
vol 13-dictionnaire des divinités celtiques et romano-celtiques de l' Antiquité (oct 2013)
vol 13b -dictionary of the Ancient Celtic and Romano-Celtic deities (oct 2013)
vol 14- dictionnaire étymologique de l' hébreu-1ère partie: l' hébreu moderne- (avril 2018)- éditions BoD
Recherche sur les éléments récurrents, communs aux langues européennes et à l' hébreu moderne.
vol 15-dictionnaire des noms celtiques masculins de l' Antiquité- (nov 2018)- éditions BoD
Répertoire des noms de personnes, surtout ceux trouvés sur céramiques, en Europe.
vol 16-dictionnaire des noms celtiques féminins de l' Antiquité (nov 2013)
vol-17-répertoire des noms et épithètes des dieux celtes de l' Antiquité (nov 2013)
vol 18- comprendre la religion gauloise et la religion romaine par les inscription antiques d' Italie (nov 2014)
De nombreuses inscriptions latines, mal étudiées, et négligées, sont centrales dans la connaissance des religions antiques.
vol 19- comprendre la pensée de l' Inde par sa langue (janv 2015)
Le vocabulaire sanskrit est une mine d' informations sur les conceptions religieuses anciennes.
vol 20- liste des noms de personne celtes (sept 2014)
Complément au volume 15, avec une plus large part consacrée aux noms d'origine latine ou équivalents aux noms celtes.
vol 21-étude des toponymes: -temples gaulois et noms de lieux (janv 2015)
Une évidence, encore une fois niée par le monde intellectuel, conditionné par le latinisme et le christianisme: la religion gauloise a marqué la langue des noms de lieux.
vol 22-le découpage du temps dans les temps anciens (janv 2015)
Etude de la conception et du vocabulaire de la structure du temps.
vol 23-la signification de la mythologie gréco-romaine (janv 2015)
Les idées actuelles sur la mythologie gréco-romaine confrontées à l' étymologie et à la religion de l' Inde ancienne.
vol 24-la signification des noms de famille et le mystère des langues (déc 2014)
Tous les noms de familles expriment le fait que nous poursuivons le cycle

commencé par un ancêtre, parfois très très ancien. Les noms de famille français, en raison de l' extrême ancienne connaissance druidique des langues, et de l' ignorance du très ancien français, étaient , jusqu' à présent, incompris.
vol 25-comprendre les noms de famille français par les inscriptions de Botorrita (fév 2015)
Comparaisons entre les inscriptions ibériques de Botorrita, les noms de la Gaule, et les noms français actuels.
vol 26- les inscriptions sur céramiques antiques- marques de potiers et autres (déc 2014)
La plupart des soi-disant "marques de potier" sont en réalité des inscriptions funéraires ! Leur étude est primordiale dans l' étude des noms antiques.
vol 26b - the so-called "potters' stamps " on *terra sigillata* (feb 2015)
vol 27- dictionnaire étymologique de l' araméen (nov 2014)
Comparaison entre l' araméen et le sanskrit.
vol 28- les noms de famille de France et d' ailleurs- (sept 2014 -mai 2021)- éditions BoD
vol 29-le vocabulaire religieux des inscriptions de l' Empire romain (déc 2014)
Beaucoup de traductions d' inscriptions latines sont fausses, douteuses ou posent questions.
vol 30-rapprochement entre les racines gauloises et sanskrites- éléments gaulois et sanskrits   (fév 2015)
vol 31-le Livre des Prières (janv 2015)
Une centaine de prières à la signification puissante, prises dans plusieurs religions.
vol 32-le vocabulaire du Christianisme (fév 2015)
Le symbolisme des mots de la religion chrétienne.
vol 33- le nom de la mort dans diverses langues et sa signification religieuse (fév 2015)
vol 34- dictionnaire étymologique de la langue basque (fév 2015)
La soi-disant "singularité" de la langue basque ne résiste pas à une véritable analyse phonétique scientifique...
vol 35- étude comparative des noms de personnes de l' Antiquité (fév 2015)
Les recherches passées et actuelles en anthroponymie sont trop indigentes.
vol 36b- German family names etymological dictionary (dec 2014)
Linguists have to free themselves from this childish point of view. Former words had other meanings than today...
vol 37b-English family names etymological dictionary (feb 2015)
Linguists have to free oneselves from this childish point of view. Former words

had other meanings than today...
vol 38-dictionnaire étymologique des noms de famille italiens (fév 2015)
Les linguistes doivent quitter leurs raisonnements enfantins, qui attribuent aux anciens mots le même sens que maintenant.
vol 39- noms de famille composés et noms aristocratiques savants (fév 2015)
Tout reste à faire au sujet des noms de personnes.
vol 40-*supplément* au dictionnaire des noms de famille de France, du vol.10 (sept 2015)
vol 41- les suffixes et préfixes de la langue française (fév 2015)
Leur étymologie est très simple: ils existent également en sanskrit.
vol 42- les noms individuels (prénoms)de l'Antiquité (sept 2015)
Il ne faut pas confondre nom de personne, à connotation religieuse, et nom quotidien usuel.
vol 43-la langue du Moyen Age en partie reconstituée (sept 2015)
Deux nouvelles sources permettent de mieux comprendre l' ancien français: le sanskrit primitif et le français populaire.
vol 44b- Sanskrit Etymological Dictionary; june 2017, 323 pages, BoD Publishers (1st edition: dec 2014)
Ouvrage essentiel qui permet d' appréhender le sanskrit primitif.
vol 45- dictionnaire étymologique des noms de famille espagnols (déc 2014)
vol 46- dictionnaire étymologique de la langue française (déc 2014)
Tout restait à faire, voici les premières pages...
vol 47- sites archéologiques gaulois (fév 2015)
Présentation de quelques sites archéologique des époques gauloise et gallo-romaine.
vol 48- dictionnaire des mots gaulois compris dans les noms de personne antiques (sept 2015)
L' antithèse du dictionnaire de Delamarre: les noms gaulois comprennent l' expression religieuse de la vie ou de la mort des individus nommés; ce ne sont pas du tout des surnoms...
vol 49- les épithètes épigraphiques du dieu Mars (fév 2015)
vol 50- le mystère des religions et des langues: -la croix et les cornes (janv 2015)
Explication des grands symboles religieux.
vol 51- dictionnaire des symboles visuels et phonétiques de la Gaule (juin 2015)
vol 52- analyse philologique de la Bible (sept 2015)
Les mythes de la Bible, comme tous les mythes se décryptent grâce à la

langue.
vol 53- les épithètes épigraphiques de Mercure (sept 2015)
vol 54- dictionnaire des saints (sept 2015)
Analyse linguistique et historique des innombrables saints du Christianisme.
vol 55- lexique catégoriel des langues celtiques antiques (sept 2015)
vol 56- dictionnaire des symboles visuels et phonétiques du Monde (juin 2015)
vol 57-le préverbe sanskrit *ava-* dans les langues européennes et mondiales (juin 2015)
L' élément /aua/ signifiant "vers le bas / vers l' intérieur" se retrouve dans presque toutes les langues mondiales.
vol 58b- Welsh etymological Dictionary- (sept 2015-jan 2021) -BoD Publishers
vol 59- dictionnaire des noms de montagnes de France (juin 2015)
vol 60b- worldwide mountain' s names dictionary (june 2015)
vol 61- les noms de lieux du département de la Drôme (août 2015)
vol-62-les noms des chefs gaulois de la Guerre des Gaules (juil 2017) - éditions BoD
vol 63- dictionnaire des noms de peuples antiques (janv 2016)
Les noms relevés par des Gréco-romains ignorants n' ont pas été décryptés.
vol 64- dictionnaire des noms de pays antiques (janv 2016)
Les langues anciennes étaient beaucoup plus précises que ce que l'on pense.
vol 65- les noms de lieux de cultes anciens d' Europe (sept 2015)
Quelles sont les caractéristiques topographiques de ces anciens lieux ?
vol 66- expressions gauloises (2ème partie)(suppl. au vol.3) (déc 2015)
vol 67- révision du dictionnaire de la langue indo-germanique de Pokorny (sept 2015)
La vision de Pokorny est rapetissée par le prisme germanique.
vol 68- toponymie gauloise-les routes et les chemins (nov 2015)
Adéquations entre une langue oubliée, la topographie et des mots actuels incompris ou mal perçus, par l'oreille et par l' intellect.
vol 69- les lieux de cultes du département d' Ille-et-Vilaine (déc 2015)
vol 70- dictionnaire philologique de l' eau et des rivières (déc 2015)
Le vocabulaire hydrologique ancien et actuel.
vol 71- les couleurs, la religion et les langues (déc 2015)
Rien n'est voué au hasard quand il s' agit de religion...
vol 72- supplément 2015 au dictionnaire de la langue gauloise (suppl au vol.5)(déc 2015)

vol 72b- year 2015, supplement to the Ancient Celtic Languages Dictionary (suppl. of vol.5) (dec 2015)
vol 73b- Indian Gods, concise and historical guide (dec 2015)
An explication of the Hindu Pantheon.
vol 74- les noms de famille de Belgique et du nord de la France (déc 2015)
vol 75- pour une autre approche des rites funéraires du Haut Moyen Age (janv 2016)
vol 76- les inscriptions gallo-romaines de la cité des Convènes (Aquitania) (janv 2016)
vol 77- les éléments de composition des noms de personnes celtiques de l' Antiquité (1)-les pré-éléments (fév 2016)
Les Anciens considéraient toute chose sous l' angle religieux, y compris les noms d' hommes. Pour eux, il y avait autre chose au-delà de la réalité apparente.
vol 78- les éléments de composition des noms de personnes des royaumes francs du Haut Moyen Age (fév 2016)
Il est temps de sortir des interprétations enfantines.
vol 79- dictionnaire des noms de personnes des royaumes francs du Haut Moyen Age (fév 2016)
En écho des travaux de Marie-Thérèse MORLET.
vol 80- dictionnaire des noms primaires et des prénoms de l' Humanité (fév 2016)
Il y a, dans les simples noms d' hommes du monde, la persistance de quelques éléments qui caractérisent le concept linguistique de l' homme.
vol 81- les noms de lieux en rapport avec les ponts (mars 2016)
Les lieux de franchissement d'un obstacle (rivière, montagne) ont inspiré d'innombrables toponymes, dont, beaucoup, exprimés dans des langues inconnues jusqu' à présent; mais réinterprétés en langages connus.
vol 82- nouveau dictionnaire de la langue gauloise (mars 2016)
Mise à jour des vol.5 et 72, avec identification d' éléments toponymiques, jusque là inconnus.
vol 83- dictionnaire des noms d' abbayes (mars 2016)
Les noms d' abbayes ne doivent rien au hasard.
vol 84-les éléments anthroponymiques des noms de famille français (mars 2016)
Il existe des centaines de manières d' exprimer la descendance d'un ancêtre, dont certaines secrètes, car interdites.
vol 85- les éléments anthroponymiques des noms de famille du monde (mars

2016)
Les conclusions concernant les noms de famille français peuvent être élargies au monde entier.

vol 86-géographie religieuse de la Gaule (mars 2016)
Quel est le symbolisme de certains lieux ?

vol 87-géographie religieuse du Monde (mars 2016)
Quel est le symbolisme de certains lieux ?

vol 88-Histoire des noms de personnes du Monde-1ère partie-la protohistoire (mars 2016)
Chaque peuple, ou tribu, s'est toujours proclamé descendant d'un ancêtre commun. Il y a là, évidemment, une grande part de vérité, puisque chaque communauté humaine a commencé primitivement par une famille élargie. En étudiant chaque communauté, il est possible de sélectionner quels premiers noms ont été employés.

vol 89-Histoire des noms de personnes du Monde-2ème partie -l' Antiquité (avril 2016)
Quelles sont les traces des noms protohistoriques dans les noms antiques ?

vol 90-Histoire des noms de personnes du Monde-3ème partie-le Haut Moyen Age (avril 2016)
Quelles sont les traces des noms protohistoriques dans les noms du VI au Xème siècle ?

vol 91-Histoire des noms de personnes du Monde-4ème partie-le Moyen Age (avril 2016)
Quelles sont les traces des noms protohistoriques dans les noms du XI au XVème siècle ?
Quelles sont les "modes" médiévales, en matière d'anthroponymie ?

vol 92- la religion gauloise (mars 2016)
Une tentative d'explication en croisant les images, les mots et les références aux religions védique, romaine et grecque.

vol 93-les éléments de composition des noms de personnes celtiques de l'Antiquité (2)-les suffixes
(mars 2016)

vol 94-dictionnaire des concepts linguistiques mondiaux (mars 2016)
Il existe, à l'évidence, un fond linguistique commun à l' humanité.

vol 95-dictionnaire des préfixes sanskrits (mars 2016)
Il s'agit d'un sujet essentiel, pourtant incroyablement négligé.

vol 96-dictionnaire des suffixes sanskrits (mars 2016)
Il s'agit d'un sujet essentiel, pourtant incroyablement négligé.

vol 97-les fondements de la religion védique (mars 2016)
Tentative d' explication de la religion védique, et par conséquent, de ses évolutions en Inde et dans le monde.
vol 98- dictionnaire étymologique de l' ancien français (avril 2016)
L 'ancien français n'est pas seulement explicable par le latin.
vol 99- les noms de marques et la langue védique (avril 2016)
Il existe un patrimoine linguistique dans le subconscient des peuples.
vol 100-dictionnaire philologique du Haut Moyen Age (avril 2016)
Grâce aux langues disparues et à l' analyse des anciennes religions, il est possible d' accéder à la mentalité de cette époque.
vol 101-dictionnaire philologique du Moyen Age (avril 2016)
Grâce aux langues disparues et à l' analyse des anciennes religions, il est possible d' accéder à la mentalité de cette époque.
vol 102-dictionnaire étymologique des noms de famille chinois (avril 2016)
Une évidence: les noms de famille chinois sont les noms de personne primaires européens.
vol 103-dictionnaire étymologique des noms de famille japonais (avril 2016)
Comme les noms de famille européens, les noms de famille japonais rappellent chacun un ancêtre.
vol 104-Histoire des noms de personnes du Monde-5ème partie-les époques moderne et contemporaine (avril 2016)
Quelles sont les traces des noms protohistoriques dans les noms du XVIè au XXème siècle ?
Quelles sont les nouvelles "modes" en matière d' anthroponymie ?
vol 105-les noms des îles dans le monde (avril 2016)
La plupart des noms d' îles reprennent un concept linguistique universel.
vol 106-les animaux dans les religions du monde (avril 2016)
Les caractéristiques religieuses des animaux consistent dans le symbolisme de leurs caractéristiques physiques, mais aussi dans leur nom.
vol 107-dictionnaire de la langue védique (mai 2016)
Explication de quelques mots du Rig-Veda.
vol 108-petit manuel de mythologie astronomique (mai 2016)
vol 109-dictionnaire étymologique de la religion gréco-romaine (juin 2016)
vol 110- le Diable et ses nombreux noms (juin 2016)
vol 111-les toponymes français du type *sanctuaire du chemin* (mai 2016)
vol 112-dictionnaire étymologique des noms de personnes à Rome (juin 2016)
vol 113-dictionnaire étymologique des noms de personnes de la Grèce an-

tique (juillet 2016)
vol 114- les origines des superstitions (juin 2016)
vol 115-les noms de lieux du département de la Manche (juillet 2016)
vol 116-dictionnaire des mots gaulois compris dans les noms de lieux (juillet 2016)
vol 117-les trois types de sacrifices de la religion védique (sept 2016)
vol 118-les trois types de lieux de cultes de la religion védique (sept 2016)
vol 119-dictionnaire mondial des noms de dieux (oct 2016)
vol 120-Krishna et Jésus, Sauveurs de l' Inde et de l' Europe (oct 2016)
vol 121-dictionnaire des noms de lieux de France (déc 2016)
Dauzat et Nègre, dépoussiérés...
vol 122- dictionnaire étymologique de l' allemand (janv 2017)
vol 123b- English Etymological Dictionary (feb 2017)
vol 124- dictionnaire étymologique de l' italien (mars 2017)
vol 125b- Welsh place names Dictionary (april 2017)
vol 126b- Scottish place names dictionary (may 2017)
vol 127b- British place names dictionary (may 2017)
vol 128- dictionnaire des noms de lieux d' Allemagne (juin 2017)
vol 129-dictionnaire des noms de lieux de Bretagne (juin 2017)
vol 130- dictionnaire des noms de lieux d' Italie (juillet 2017)
vol 131- dictionnaire des noms de lieux d' Espagne (juillet 2017)
vol 132- dictionnaire des noms de lieux du Portugal (août 2017)
vol 133- dictionnaire des noms de lieux de Suisse (août 2017)
vol 134- dictionnaire des noms de lieux d' Alsace (sept 2017)
vol 135- dictionnaire des noms de lieux de Bourgogne (sept 2017)
vol 136- dictionnaire des noms de lieux de Lorraine (oct 2017)
vol 137- dictionnaire des noms de lieux du Pays Basque (oct 2017)
vol 138b- place names of India (oct 2017)
vol 139- les toponymes français du type "sanctuaire du carrefour" (nov 2017)
vol 140- étymologie de la langue védique (nov 2017)
L' origine protohistorique de toutes les langues.
vol 141- analyse théologique du chaudron de Gundestrup (nov 2017)
Une des rares traces visuelles des anciennes religions. Une mine inégalée d' informations.
vol 142- la prononciation des noms de personnes gaulois (déc 2017)
Il existe encore des incertitudes.
vol 143- dictionnaire des prénoms gaulois masculins (nov 2017)

vol 144- dictionnaire des noms de personnes des inscriptions funéraires de l' Europe occidentale antique (nov 2017)
vol 145- dictionnaire des suffixes du sanskrit classique (déc 2017)
Démarche différente du vol.96, avec beaucoup plus d' exemples.
vol 146- dictionnaire sanskrit des animaux (déc 2017)
vol 147- dictionnaire étymologique de la langue bretonne (janv 2018)
vol 148- dictionnaire étymologique des langues gauloises – (janv 2018) - éditions BoD
vol 149- dictionnaire étymologique de la langue étrusque (fév 2018)
vol 150- petit guide des noms aristocratiques (mars 2018)
vol 151- les noms des rivières de France (juillet 2018)
Renouvellement de l' ouvrage de Dauzat.
vol 152- les prénoms gaulois les plus courants (déc 2018)
vol 153- les prénoms et les noms religieux du Moyen Age, dans l' Europe du nord-ouest (déc 2018)
vol 154- les principaux textes gaulois: 1- le plomb du Larzac (mars 2018)
vol 155- les principaux textes gaulois: 2- le plomb de Chamalières (avril 2018)
vol 156- les principaux textes gaulois: 3- le fond d' assiette de Lezoux (mai 2018)
vol 157- l' expression de la dualité dans les langues du monde (sept 2018)
vol 158- les inscriptions gallo-romaines sur *vascula*: 1ère partie (mars 2018)
vol 159- supplément 2017 au dictionnaire des langues gauloises (fév 2018)
vol 160- les inscriptions étrusques (mai 2018)
vol 161- les noms de pharaons de l' Egypte ancienne (mai 2018)
vol 162- la religion de l' Egypte ancienne (juin 2018)
vol 163- les inscriptions gallo-romaines sur lampes à huile (janv 2019)
Encore une évidence: beaucoup de lampes à huile étaient des objets funéraires...
vol 164- les noms du soleil dans l' Antiquité (mars 2019)
vol 165- la traduction des inscriptions gauloises (fév 2019)
vol 166- les quatre éléments du RigVeda (avril 2019)
vol 167- les noms de montagne de l' Oisans (juillet 2019)
vol 168- le mystérieux code des inscriptions funéraires gallo-romaines de l' antiquité (sept 2019)
Il est plus que temps de porter un oeil critique sur l' épigraphie classique !
vol 169- études historiques et philologiques IV (juillet à décembre 2021) (déc 2021)
Recueil d' études philologiques et historiques.

vol 170- les noms du Soleil en sanskrit archaïque et classique (déc 2019)
vol 171- dictionnaire des noms de personnes des textes sanskrits (nov 2019)
vol 172- les noms de la Lune en sanskrit archaïque et en sanskrit classique (déc 2019)
vol 173- les anomalies dans les inscriptions gallo-romaines (janv 2020)
vol 174- les noms de tribus et de peuples gaulois (fév 2020)
vol 175- dictionnaire étymologique du grec ancien (mars 2020)
vol 176- études historiques et philologiques II (n°60 à 116)- (mai 2021) - éditions BoD-
vol 177- études historiques et philologiques I (n°1 à 59)- (octobre 2021) - éditions BoD-
vol 178- supplément 2019 au dictionnaire des langues gauloises (avril 2020)
vol 179- dictionnaire étymologique de l' arabe de Syrie (mai 2020)
vol 180- dictionnaire étymologique des prénoms arabes (mai 2020)
vol 181- études historiques et philologiques III (n°117 à 180)- (juillet 2021) - éditions BoD-
vol 182- dictionnaire étymologique des noms de famille arabes (juin 2020)
vol 183- dictionnaire étymologique des noms de famille russes (juillet 2020)
vol 184- dictionnaire étymologique du russe (août 2020)
vol 185- sanctuaires et pèlerinages d' origine gauloise- (sept 2020) -éditions BoD
vol 186- manuel de toponymie française 1: les noms de cols- (oct 2020) - éditions BoD
vol 187- manuel de toponymie française 2: les noms en rapport avec "la route" (janv 2021)
vol 188b- Old British Personal Names- (april 2021) -BoD Publishers
vol.189- le livre des mystères des religions (déc 2021)
vol.190- gloses et scolies en celtique ancien 1: la lettre A (avril 2022)
Essentiellement une critique du Lexique étymologique de l' irlandais ancien de Joseph Vendryes.
vol.191- dictionnaire étymologique de l' ancien français médiéval (fév 2022)
Suite du vol.98: mise en lumière d'une autre origine que le latin.
vol.192- dictionnaire du celtique ancien des manuscrits continentaux du Haut Moyen Age (1ère partie) (sept 2022) –éditions BoD
Les celtologues ont inconsidérément, et impudemment, mélangé le celtique ancien avec l' irlandais de la fin du Moyen Age et plus; d' où d' innombrables erreurs...
vol.193- traduction des gloses en ancien celtique du manuscrit de Milan (déc

2022)

vol.194- les ancêtres de nos ancêtres (janv 2021)
Les noms primaires persistants, en France, depuis l' antiquité jusqu' à nos jours.

vol.195- les gloses de Würzburg 1: épîtres de Paul aux Romains (sept 2022)

vol.196- dictionnaire des langues parlées en France jusqu' au XVè siècle (sept 2023)
Vaste répertoire qui montre l' extraordinaire variété des langues et des racines.

vol.197- premiers psaumes en pays celte (fév 2022)
L' origine du christianisme celte, d' après les sources historiques et linguistiques.

vol.198- les gloses du manuscrits de Turin sur les bribes de l' Evangile de Marc (fév 2023)

vol.199- les gloses de Saint-Gall sur l' oeuvre de Priscien (juillet 2023)

vol.200- l' homélie de Cambrai (oct 2023)

vol.201- petits mots des langues anciennes 1: -le temps (nov 2023)
Aide à la traduction des adverbes, prépositions, conjonctions, déterminants de l' ancien celtique, du latin et de l' ancien français. Recherche des premières significations.

vol.202- petits mots des langues anciennes 2: -les conjonctions (déc 2023)
Mieux comprendre les mots qui servent à articuler les propositions en ancien celtique, en latin et en ancien français. Recherche des premières significations.

vol.203- petits mots des langues anciennes 3: -les comparatifs (déc 2023)
Mieux comprendre les comparatifs de supériorité, d' égalité, et d' infériorité, en ancien celtique, en latin et en ancien français. Recherche des premières significations.

vol.204- petits mots des langues anciennes 4: -le lieu (déc 2023)
Mieux comprendre les mots qui servent à indiquer le lieu, ou la forme du locatif, en ancien celtique, en latin et en ancien français. Recherche des premières significations.

vol.205- petits mots des langues anciennes 5: -les concessifs (janv 2024)
En ancien celtique, en latin et en ancien français. Recherche des premières significations.

vol.206- petits mots des langues anciennes 6: -la manière (janv 2024)
En ancien celtique, en latin et en ancien français. Recherche des premières significations.

vol.207- petits mots des langues anciennes 7: -l' instrumental (janv 2024)
En ancien celtique, en latin et en ancien français.
vol.208- petits mots des langues anciennes 8: -les nombres (fév 2024)
En ancien celtique, en latin et en ancien français.
vol.209- petits mots des langues anciennes 9: - les relatifs (fév 2024)
En ancien celtique, en latin et en ancien français.
vol.210- petits mots des langues anciennes 10: -les démonstratifs (mars 2024)
En ancien celtique, en latin et en ancien français.
vol.211- petits mots des langues anciennes 11: les affirmatifs (avril 2024)
En ancien celtique, en latin et en ancien français.
vol.212- précis de phonologie ancienne (déc 2023)
vol.213- petits mots des langues anciennes 12: les indéfinis (avril 2024)
vol.214- critique de la théorie qui fait provenir le français exclusivement du latin (mai 2024)
Reprise point par point, avec des exemples, des arguments souvent fallacieux des pro-latinistes, que ce soit dans le vocabulaire ou en grammaire.
vol.215- petits mots des langues anciennes 13: -les interrogatifs (avril 2024)
vol.216- dictionnaire de la langue gotique antique (déc 2022)
vol.217- dictionnaire étymologique du gotique (mars 2023)
vol.218- gloses en ancien celtique (2ème partie) + le gotique et son importance en philologie et en histoire (mai 2023) -éditions BoD
vol 219- gloses en ancien celtique (3ème partie) + supplément au dictionnaire de l' ancien celtique (nov 2023)
vol.220- gloses sur les psaumes du codex *Palatinus* de la bibliothèque vaticane, à Rome (à venir)
Traduction des gloses en ancien celtique, avec le texte latin.
vol.221- gloses de Cambridge sur les Psaumes (à venir)
vol.222- gloses du codex Regina et du codex de Berne (à venir)
vol.223- gloses de Würzburg 2: première épître de Paul aux Corinthiens (à venir)
vol.224- gloses de Würzburg 3: deuxième épître de Paul aux Corinthiens (à venir)
vol.225- gloses de Würzburg 4: épître de Paul aux Galates (à venir)
vol.226- gloses de Würzburg 5: épître de Paul aux Ephésiens (à venir)
vol.227- gloses de Würzburg 6: épître de Paul aux Philippiens (à venir)
vol.228- gloses de Würzburg 7: épîtres de Paul aux Thessaloniciens (à venir)
vol.229- gloses de Würzburg 8: épître de Paul aux Colossiens (à venir)

vol.230- gloses de Würzburg 9: épîtres de Paul à Timothée (à venir)
vol.231: gloses de Würzburg 10: épîtres de Paul à *Titus*, à *Philemon*, aux Hébreux et à Pierre (à venir)
vol.232- le très ancien français (nov 2023) -éditions BoD
A la lumière des nouvelles traductions de l' ancien celtique: une nouvelle filiation de l' ancien français.
vol.233- grammaire du celtique ancien (à venir)
vol.234- dictionnaire des noms de famille juifs, originaires d' Europe (juillet 2022)
vol.235- dictionnaire des noms de peuples antiques et actuels (janv 2022)
vol.236- dictionnaire des noms de familles basques (août 2022))
vol.237- les descendants des tribus gauloises, étude anthroponymique (juin 2024)- éditions BoD
vol.238– les mystères de la Table de Peutinger: 1– la Gaule du nord-ouest (janv 2024)
vol.239– la géographie de la Gaule chez Pline l' Ancien
vol.240– dictionnaire des dieux et déesses romains, et de leurs épithètes (juin 2024)
vol.241– encyclopédie de la philologie– lettre A (juillet 2024)
vol.242 -encyclopédie de la philologie– lettre B
vol.243– encyclopédie de la philologie– lettre C
vol.244– encyclopédie de la philologie– lettre CH
vol.245– encyclopédie de la philologie– lettre D
vol.246– encyclopédie de la philologie– lettre E
vol.247– encyclopédie de la philologie– lettre F /PH
vol.248– encyclopédie de la philologie– lettre G
vol.249– encyclopédie de la philologie– lettre H
vol.250– encyclopédie de la philologie– lettre i
vol.251– encyclopédie de la philologie– lettre J
vol.252– encyclopédie de la philologie– lettre K
vol.253– encyclopédie de la philologie– lettre L
vol.254– encyclopédie de la philologie– lettre M
vol.255– encyclopédie de la philologie– lettre N
vol.256– encyclopédie de la philologie– lettre O / AU
vol.257– encyclopédie de la philologie– lettre P
vol.258– encyclopédie de la philologie– lettre Q
vol.259– encyclopédie de la philologie– lettre R
vol.260– encyclopédie de la philologie– lettre S

vol.261– encyclopédie de la philologie– lettre T
vol.262– encyclopédie de la philologie– lettre U
vol.263– encyclopédie de la philologie– lettre V
vol.264– encyclopédie de la philologie– lettres W-X-Y-Z
vol.265– le fond commun au christianisme et aux religions antiques
vol.266– le département de la Manche: histoire et géographie ancienne (sept 2024)
vol.267– la linguistique comparative– exemples pratiques
vol.268– dictionnaire étymologique des noms de familles normands (avril 2024)
vol.269– dictionnaire des noms de pays modernes (mars 2024)
vol.270– commentaires philologiques des textes en ancien français du Livre des Psaumes (juillet 2024)
vol.271- commentaires philologiques de l' ancien français de La Conquête de Constantinople par Villehardouin (août 2024)
vol.272- les noms de familles en –*son* (à venir)

autres ouvrages:
-il te reste un monde à construire (poésies) (juin 2018) - éditions BoD
- **Révoltes antifiscales et Fronde parlementaire de la première moitié du XVIIè siècle (nov 2018)- éditions BoD**

INTRODUCTION

Je reviens donc aux sources de ma curiosité, moteur d'au moins quinze années de recherches acharnées et passionnantes. Je puis dire, sans forfanterie, que j' ai atteint mes objectifs qui étaient de mieux comprendre les mots anciens qui sont en permanence devant nos yeux et dans nos oreilles: les noms de lieux et les noms d'hommes, que ce soit les prénoms ou les noms de familles.

Je n'ai pas choisi la qualification "géographie et histoire *antique*", parce que je répugne à isoler les tranches d' Histoire, un défaut maintes fois remarqué chez certains historiens ou linguistes: l' histoire des hommes et des langues est <u>toujours</u> une continuation. Pour comprendre l' histoire de la France et de sa langue, il faut comprendre l' histoire des Gaules et de ses langues...
Il importe donc de connaître ce qui a précédé ... quand cela est possible ! ... et le verbe "connaître" doit avoir ici une dimension modeste, car étant donné souvent le peu de traces qui survivent, il est difficile d' avoir des certitudes.. Mais, même si d'immense pans de l' histoire humaine et linguistique sont inconnus, il ne faut surtout pas les enjamber et faire comme s' ils n'existaient pas.

Néanmoins, je conseille au lecteur plus intéressé par l' histoire médiévale de la Manche de ne pas acheter mon livre. *A contrario*, le lecteur intéressé par les origines du Cotentin et de ses habitants, trouvera ici nombre de renseignements qu' il ne trouvera nulle part ailleurs.

Ces découvertes sont le fruit de nombreuses années d'étude principalement des traces linguistiques laissées par nos ancêtres.
Mais il serait erroné de croire que mes recherches sont toutes livresques. Si vous avez croisé au détour d'un fourré un illuminé en train de chercher des traces de voies anciennes ou d' habitations gauloises, il se pourrait que c'était moi...

Bref, vous l' avez compris, depuis plusieurs décennies, je pense à nos ancêtres et aux paysages qu' ils contemplaient. Cette pensée m' a peu quitté depuis des années. Certains diront qu' elle est même devenue une obsession. Certes, je l' admets.

Etant arrivé à une bonne connaissance du passé aussi bien celui des langues que celui des mentalités, il est temps de partager mes connaissances.

Cet ouvrage pourrait avoir comme sous-titre: "Le Triomphe de la Philologie", et même "La Revanche de la Philologie".
En effet, après avoir été moquée pour ses hypothèses et ses outrances, cette science, qu' apparemment je suis le seul à étudier sérieusement, réalise ici des avancées incroyables: arriver à comprendre quelques mots des temps anciens autres que le latin, permet d'accéder à des connaissances essentielles.
Bien qu'il existe actuellement des toponymistes, aucun ne peut accéder à cette connaissance. Je vois principalement deux raisons à cela:
1- ils n'ont quasiment aucunes références philologiques concernant les langues parlées dans l' Europe nord-occidentale. Leur seule référence est l' irlandais médiéval (XIVè s), enrichi éventuellement de mots néo-celtiques (postérieurs au Moyen Age). La langue celtique plus ancienne des gloses des manuscrits du Haut Moyen Age , qui pourrait être déterminante dans cette étude, a été étudiée de manière bâclée, principalement par des germanophones, et assimilée à l'irlandais du XIVè s., ... ce qui leur épargne bien du travail...
Le gotique antique pourrait leur être utile mais il est négligé, et abandonné aux pays du nord. De plus, il manque encore un travail sérieux, autre qu'académique, sur la phonétique du gotique.
Je dis "autre qu'académique" , c'est-à-dire autre que "répéter toujours la même chose, sans esprit critique et surtout sans prendre de risques, et sans risquer de se mettre à dos ses pairs".
Les langues régionales peuvent bien sûr aider, mais elles ne donnent qu'une vision réduite des anciennes langues...
2- les toponymistes, comme tous les soi-disant "chercheurs", préfèrent répéter les mêmes choses que ceux qui les ont précédés: ils ne risquent pas d'être critiqués...
Cela explique la stagnation des sciences humaines depuis un siècle.
je dis "stagnation", car ouvrez un livre sur la Manche datant des environs de 1900 et regardez l' Histoire officielle actuelle, vous n' y verrez aucune différence: la connaissance tourne en rond...

mes découvertes

Lecteur ! contrairement aux ouvrages que vous avez l' habitude de consulter, le présent ouvrage n'est pas la répétition de ce que les historiens ont pensé depuis des siècles.

En effet, ouvrir n'importe quel livre d'histoire ou de linguistique, pour quelqu'un d'initié, c'est savoir à l'avance ce que l'auteur va dire, car le système est ainsi fait que, depuis le XIXè siècle, seuls ceux qui répètent ce que l'institution a produit, ont le droit de citer, ont le droit de publier, ont le droit d'être considérés comme scientifiques...

J' ai eu la chance (?) d'être très tôt écarté des institutions, c'est-à-dire, recevoir des réponses à mes questions de la part d'intellectuels patentés du genre: "contenez-vous de penser ce que tout le monde pense"-" vous ne gagnerez rien à vous singulariser", etc...

OU encore "notre comité scientifique n' a pas retenu votre livre",-"vous êtes un fantaisiste"- plus quelques insultes qui abaissent leurs auteurs...

J'ai donc eu la chance et la liberté de développer mes recherches dans les directions opportunes, sans me décourager, car j'ai eu suffisamment d'intelligence pour me rendre compte de la pertinence de mes réflexions, malgré l'hostilité de toutes parts.

La route fut longue et difficile, mais ô combien passionnante. J'ai maintenant le sentiment que le plus dur est fait, le défrichage est achevé, le temps des labours et des semailles est venu.

J'ai maintenant plusieurs conclusions à présenter:
1- l'ethnogenèse officielle des peuples européens (Indo-européens, Celtes, etc...) n'est qu'une hypothèse pratique, mais très simpliste.
2- la philologie, c'est-à-dire la linguistique des langues disparues, n' a pas encore pris son envol: les intellectuels se sont contentés de vagues rapprochements littéraux, sans véritable étude phonétique et comparative des langues anciennes.

Les soi-disant chercheurs actuels tentent de survivre grâce à ce que de courageux chercheurs du XIXè siècle ont commencé à produire. Ils consacrent leur temps à resservir les mêmes plats froids, parce qu' ils n'ont pas de courage, pas suffisamment de temps, et pas suffisamment d'intelligence... il ne faut pas hésiter à le dire...

3- en conséquence de mon deuxième point, l'anthroponymie, la toponymie et l' étude des mots anciens, n' a pas encore commencé...
Rendez-vous compte ! les seules traces altomédiévales (VIIIè s) des langues celtiques ont été étudiées trop rapidement et sont devenues la chasse gardée de quelques universitaires ronronnant...
Pourtant, ce sont les seuls textes permettant d'expliquer les langues anciennes autres que germaniques (gotique) ou latines. Il faut mettre de côté, pour l'instant, les très rares textes en langue gauloise, encore plus difficile à étudier que le celtique ancien du Haut Moyen Age. Pourtant, cela n'empêche pas certains de pérorer et de "traduire" ces textes gaulois... il est vrai que l'institution peut tout se permettre...

Au cours de mes études, j' ai réalisé des milliers de découvertes; en ce qui concerne notre sujet, le Cotentin, en voici la liste:
1- Les *Unell-* signifie "le peuple des *Ael-*" OU avec la fricative les *Gaels* > vol.237
2- Les *Abrincates* signifie la tribu des *Abri-* OU *Abrin-* > vol.237
3- *Crociatonnum* est l'ancien nom de Saint-Lô > vol.266
4- *Cotentin* signifie "la Grande Péninsule" > vol.266
5- La très ancienne capitale des *Unell-* n'est pas Coutances > vol.266
6- *Legedia* est l'ancien nom de Villedieu > vol.266
7- Caen est la dérivation linguistique de *Aregenua*, capitale des *Ui-* (*Uiducasses*) (*rGaen-) > vol.237
8- Le Fanum Martis de l' Itinéraire d'Antonin est *St-Martin-le-Bouillant* > vol.266
9- Le lieu de la bataille gagnée par Sabinus sur les Ael- (Unell-) est *St-Martin-le-Bouillant* > vol.266
10- dans les langues gauloises, un des mots signifiant "temple, sanctuaire" était *Bouille / Vouille* / etc... > vol. 237
11- la signification du gaulois: *Cosedia*.
...plus les centaines d'analyses étymologiques des noms de lieux de la Manche, qui mettent au grand jour une partie du vocabulaire des langues gauloises disparues et oubliées.
etc...

les documents historiques

Je divulgue ici les uniques documents qui servent OU qui ont servi à établir l' Histoire officielle.

Comme très souvent, il est nécessaire de se rendre compte de ce qu' est l' Histoire: une interprétation des quelques mots qui ont traversé les âges, souvent par l' intermédiaire d' un seul manuscrit recopié au Moyen Age, ou plus tard.

Je pense que le grand public n' en a pas conscience, et, d'une manière incongrue, beaucoup de professionnels non-plus.

Les seuls progrès possibles de notre connaissance du passé sont là, sous nos yeux, dans les mots, souvent mal OU trop peu étudiés, et surtout comme gravés dans le marbre dès que la science officielle se les est approprié.

C'est la raison première de mes études baptisées langue-et-histoire.

Je me répète: lisez très attentivement ces documents, car la seule vérité, qui nous est accessible, est sous vos yeux:

Table de Peutinger

(important, seul ce qui est écrit sur la carte est surligné en gris. Le reste fait donc partie de mon commentaire)

copie médiévale d'une carte routière de l'empire romain qui pourrait dater du IVè s.

en lieues gauloises
1 lieue = 2,222 km

Route 1: Cherbourg-Rennes

Coriallo ...29...Cosedia..19...Legedia...49...Condate

traduction:
Coriallo ..63,8km..Cosedia..41,8km..Legedia..107,8km..Condate

On peut plutôt lire *Cosebia* au lieu de *Cosedia*.

mon analyse:
Coriallo = Helleville (F3), près des Pieux.
La localisation traditionnelle à Cherbourg est très hypothétique, surtout sur le plan linguistique. En comparant les distances et la phonétique, c'est Helleville qui emporte la décision.
Voir Helleville.
Cosedia = Blainville (OU Coutances, puisque la différence de position est minime)
Legedia = traditionnellement: l'estuaire de la Sélune (Avranches) OU le Mont-St-Michel, mais la distance Legedia-Condate ne concorde pas.
A mon avis, Legedia = Villedieu. Les distances concordent et je fournis une explication étymologique plausible dans ma partie "étymologie des noms de lieux".
Condate = Rennes

Les distances concordent, sauf:

- Coriallo-Cosedia 63,8 km, alors qu'aujourd'hui, il y a environ 75 km entre Cherbourg et Blainville OU Coutances.

- *Legedia-Condate* qui fait 107,8km, alors que Avranches-Rennes fait en réalité environ 80 km. Par conséquent, la localisation de *Legedia* est à modifier: Legedia = Villedieu.

Legedia = Villedieu
Villedieu-Rennes = 90 km à vol d'oiseau, entre 97,5 et 108 km par la route.

conclusion:
La longueur totale Cherbourg-Rennes fait d'après la table: 97 lieues; soit env. 213,4 km.
Aujourd'hui, par une route directe: entre 196 et 218 km
Si l'on tient compte du détour par Villedieu, une distance de 213 km est tout à fait plausible.

Route 2: Saint-Malo- Rennes

Reginca...14...Fano martis...25...Condate

traduction:
Reginca..30,8km..Fano martis..55km..Condate

mon analyse:
Reginca = Saint-Malo (OU Erquy)
Fano Martis = quelque part vers Dol OU Combourg ?
Condate = Rennes

Reginca est réputée être à l'emplacement d'*Aleth*, près de St-Malo (Delamarre-NL), mais certains la placent à Erquy (Dauzat, p.e.). Evidemment, la présence des vestiges du temple de Corseul, à un tiers de la route est significatif.
La seule version ancienne connue d'Erquy est *Erque* en 1167 (Dauzat).

Mon avis est que l'évolution phonétique de *Reginca* est *Rance*.

Billy lors de son analyse du nom: la *Rance*, cite en 870: *super ripam fluminis Renc, fluvius nomine Rinctus.*
(sur la rive du fleuve: *Renc*, le fleuve (étant) nommé *Rinctus*)
 A mon avis, *Renc* est le nom de la ville à l'embouchure du fleuve *Rinct-*.

Mon analyse phonétique: *Reginca* == **Rehinca* > *Renc*. Voir mon vol.237.

conclusion:
Cette route St-Malo- Rennes mesurerait, d'après la table, 85,8km, ce qui est plausible. Aujourd'hui, cette route mesure env.70 km.

Route 3: Valognes- Caen

Alauna...7...Crouciaconnum...21...Augustoduro...24...Araegenue

Alauna..15,4km..Crouciatonnum..46,2km..Augustoduro..52,8km..Aregenua

Plusieurs distances ne correspondent pas à la réalité:
1- Alauna-Augustoduro (Bayeux) fait en réalité 72,5 km, au lieu de 61,6.
2- Bayeux- Araegenue (Caen) fait en réalité 30 km, même si le Caen actuel pourrait être plus à l'ouest qu' Aregenua, 23 km fait une trop grande erreur...

D'autre part:
Valognes-Caen 7 + 21 + 24 = 52 lieues, soit 114 km
Valognes – Caen, auj: 103 km.

Cette route nécessite deux données supplémentaires:
1- Bien que Coriallo soit placé un peu à l'écart de cette route, elle semble pourtant le point de départ de la route (le trait rouge commence à la côte).
Il faut donc plutôt lire:

(Coriallo)...7...Alauna...21...Crouciaconnum...21...Augustoduro..?14...Araegenue

2- *Crouciatonnum* est l'ancien nom de Saint-Lô.

traduction:
(Coriallo)..15,4km..Alauna..46,2km..Crouciatonnum.. 46,2km.. Augustoduro.. ? 30,8km..Aregenua

mon analyse:
Alauna = Valognes
Crouciatonnum = St-Lô (mauvaise lecture: *Crouciaconnum*; le "t" ressemble à un "c")
Augustoduro = ? Bayeux (localisation traditionnelle)
Araegenua = Caen

Cherbourg-Valognes = aujourd'hui: 20 km par la route, correspondent à peu près aux 7 lieues (= 15,4 km). Coriallo n' a pas été situé précisément...

Valognes-St-Lô = 50km à vol d'oiseau; aujourd'hui, 58,6 km par la route correspondent approximativement aux 21 lieues (46,2 km).

Crouciatonnum (Saint-Lô)- Bayeux = aujourd'hui: 35 km peuvent correspondre aux 21 lieues (= 46,2 km). *Augustoduro* n' a pas été situé précisément.

Bayeux- Aragenua (Caen) = aujourd'hui: 30 km, correspondent aux 14 lieues (= 30,8 km).

conclusion:
Cette zone de la carte est problématique, néanmoins les villes peuvent être identifiées.

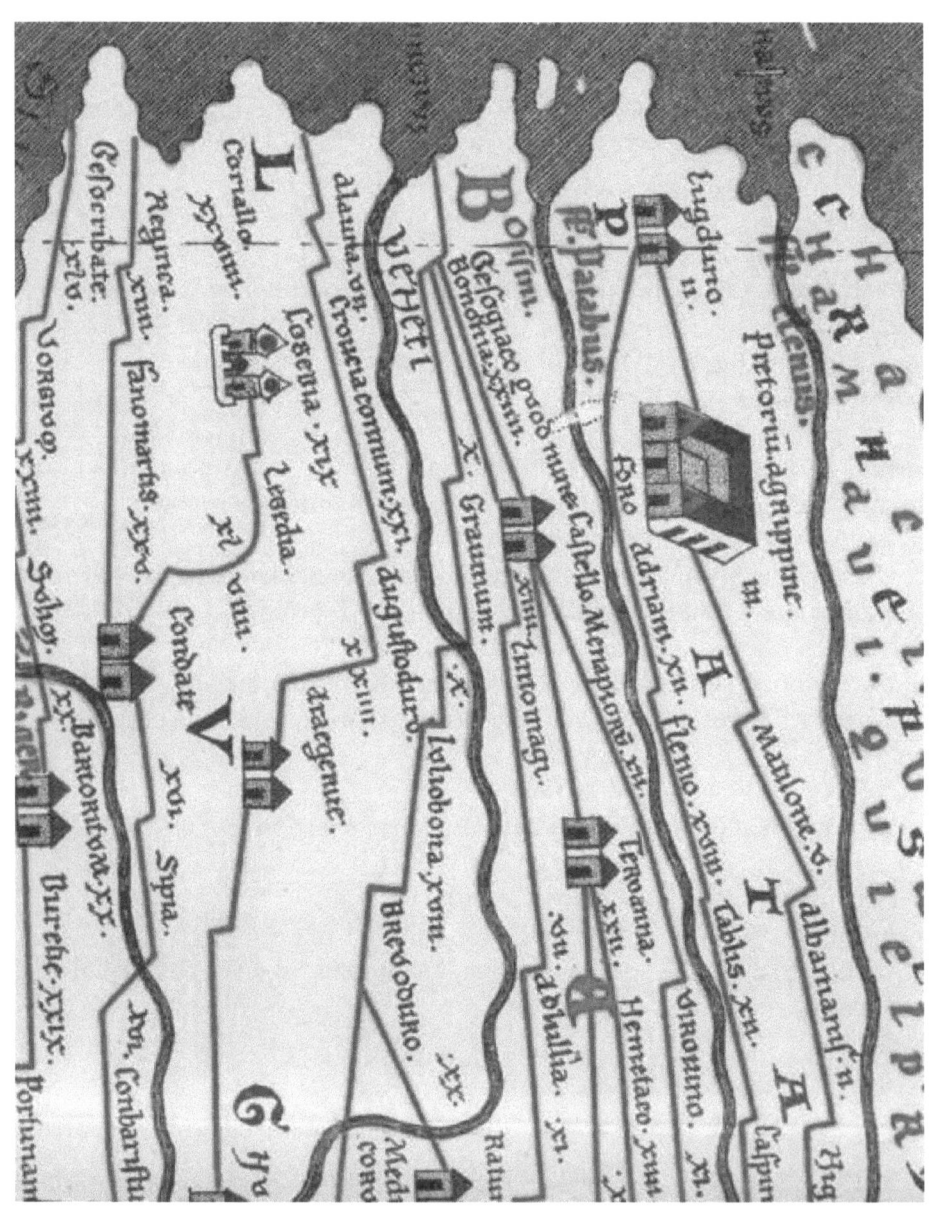

Partie de la carte éditée par Miller.
Remarquez le "flou" de la localisation de *Coriallo*, ainsi qu' *Alauna* et *Crou-cia(t)onnum*.

On pourrait même supposer que *Coriallo* et le point de départ côtier muet de la route vers *Alauna*, sont différenciés: le point de départ muet pourrait être Cherbourg, dont le nom antique est inconnu.

La Guerre des Gaules, racontée par Jules César
(1ᵉʳ siècle av.JC)

César cite de nombreuses fois les peuples censés être de cette région (?).

1- livre II, chap.XXXIV: "il (César) avait envoyé Publius Crassus avec une légion chez les Vénètes, les **Unelles**, les Osismes, les Coriosolites, les Esuviens, les Aulerques, les Redons, peuples marins sur les côtes de l' Océan..."

2- livre III-chap.VII: "Titus Terrasidius fut envoyé chez les *Unelli*".

3- livre III, chap.XI: "il (César) envoie son lieutenant Quintus Titurius Sabinus avec trois légions chez les **Unelles**, les Coriosolites et les Lexoviens".

4- livre III, chap.XVII: expédition et victoire de Sabinus contre une coalition de peuples comprenant: les *Unelli*, les Aulerci Eburouices, les Lexouii.

5- livre VII, chap.LXXV: lors de la formation de l' armée gauloise qui doit secourir Vercingétorix enfermé dans Alesia, les tribus envoient des contingents: "à l'ensemble des états qui bordent l' océan et qui se donnent le nom d'Armoricains: Coriosolites, Redons, Ambibariens, Calètes, Osismes, Lexoviens, *Unelles*, vingt mille (guerriers)".

l' Itinéraire d'Antonin

l' *Itinéraire d' Antonin,* que l' on date du début du IIIè s. (Chevallier 1997 p.56).
L' édition de Berolini reprend les 21 (plus quelques bribes) codex (manuscrits de références). Ces manuscrits datent du VIIIè au XVIè s, ce qui explique les innombrables variations, erreurs, incertitudes, etc... Le plus gênant étant bien sûr la, parfois énorme, fluctuation des distances !

L' abréviation *mpm* signifie *mille plus minus* = en mille plus ou moins, c'est-à dire *x milles approximativement.*
L' unité de distance romaine est *mille passus*, soit 1481,5 mètres (Larousse) OU 1479 mètres (Gaffiot). J'arrondis à 1,5 km.
Mais certains passages sont écrits en lieues ("leugas", voir Wess.366), ou, même, comportent les deux mesures, à la fois en lieues et en milles ! (voir Wess.360)

386		
6	item ab Alauna Condate	mpm LXXXVII ou LXXXVI ou LXXVII
7	Cosedia	mpm **XX**
387		
1	Fano Martis	mpm **XXXII** ou XXX
2	Ad Fines	mpm XVII ou VII ou **XXVII**
3	Condate	mpm XVIII ou XXVIIII

traduction:
6- de Valognes à Rennes   87 ou 86 ou 77
                    > 130,5 ou 129 ou 115,5 km
7- (de Alauna à) Cosedia (Blainville OU Coutances) 20

1- (de Cosedia au) temple de Mars   32 ou 30
2- (du temple de Mars aux) limites   17 ou 7 ou 27
3- (des limites à) Rennes   18 ou 28

mon analyse:
6- auj: Rennes- Valognes = 198 km
Par conséquent, malgré que les manuscrits comportent *mpm* (= mille), la distance est exprimée en lieues (gauloises ?) soit 1 lieue = 2,2 km ?
Ce qui donnerait: Valognes-Rennes = 87 x 2,2 = 191,4 km.

7- Alauna-Cosedia: 20 (lieues?)(env. 44 km).
auj: Valognes-Coutances = env. 50 km.

1- Cosedia-Fanum Martis: 32 ou 30 (lieues ?) = 70,4 ou 66 km.
De Blainville à St-Martin, il y a aujourd'hui 51 km par la route.
(en prenant 32 milles romains, cela fait 48 km env.)

2- Temple de Mars à la frontière: 17 ou 7 ou 27 (lieues ?) = 37,4 ou 15,4 ou 59,4 km.
Aujourd'hui, il y a 55 km par la route, entre St-Martin et le Rocher-Portail.

3- de Ad Fines à Condate: 18 ou 28 (lieues ?) = 39,6 OU 61,6 km.
 > du Rocher-Portail à Rennes, aujourd'hui, il y a de 49 à 55 km par la route.
La localisation Ad Fines = Feins ne me paraît pas adéquate pour plusieurs raisons, parmi lesquelles:
- situation très à l'ouest d'un axe Caen-Rennes.
- aujourd'hui, il n'y a que 30 km entre Feins et Rennes.

Les manuscrits comportant 28 pourraient se rapprocher d'une mesure en milles romains: 28 x 1,5 = 42 km.

conclusion:
Cette route Alauna-Condate, c'est-à-dire Valognes – Rennes est plausible avec les segments suivants: Valognes-Coutances, Coutances-St-Martin, St-Martin-Le Rocher-Portail, Le Rocher-Portail-Rennes.
Beaucoup d'hodonymes jalonnent cette route (ex: Le Ferré au nord-est).
Elle passe nettement à l'est d'Avranches, c'est pourquoi Avranches n'apparaît pas dans ce trajet.
St-Martin correspond probablement au croisement de la route du Cotentin avec la route Rennes –Caen.

Notitia Dignitatum
(la Notice des dignités)
Liste des titres civils et hauts grades militaires de l' Empire Romain qui pourrait dater du IVè s, ou du début du Vè.
L'original serait une copie réalisée au XVIè s, elle-même copiée d'un manuscrit du XIè s. !
L'interprétation de ces titres est très difficile, compte tenu des termes utilisés qui n'ont souvent été relevés que dans ce manuscrit.

Dans la catégorie "chef de légions pseudocomtales" (*pseudocomitatenses*):
(commandant de la légion) des **Abrincateni** (W10), qui serait, d'après la plupart des auteurs, un des noms équivalent à Abrincates.
(*pseudocomitatenses* devrait signifier "assimilés à un rang de comte" (?))

Dans la catégorie "commandant de la cavalerie gauloise" (*magistro equitum galliarum*):
(cavaliers / chevaliers) des Abrincates (**Abrincateni**) (W14).

Dans la catégorie "chef de région armoricaine" (*dux tractus armoricani*)

tribunus cohortis primae nouae armoricanae, grannona in litore saxonico (W35)
Cette cohorte pourrait être basée à *Grannona*, c'est-à-dire soit Granville, soit Grandcamp (Calvados) –grandcamp = sanctuaire (camp) à Granus, nom de l' Apollon gaulois.
La précision "*in litore saxonico*" pourrait la différencier de *Grannona* (Granville).

praefectus militum primae flauiae, constantia (W35)
La traduction exacte est difficile, mais il doit s'agir d'une unité de l' armée basée à Constantia, probablement Coutances, puisque les lignes voisines comportent des unités basées à *Aleto* (St-Malo), *Rotomago* (Rouen), *Abrincatis* (Avranches) OU *Grannono* (à mon avis Granville).

praefectus militum dalmatarum, abrincatis (W35)
Il devrait s'agir d'une unité dalmate, basée à Avranches.

praefectus militum grannonensium, grannono (W35)
Il devrait s'agir d'une unité basée à Granville (?).

Dans la catégorie *magistri militum* (commandant d'unité militaire)
praefectus laetorum batauorum et gentilium sueuorum, baiocas et constantiae lugdunensis secundae. (W38)
préfet des lètes bataves et des (soldats) étrangers suèves, à *Baiocas* (Bayeux) et *Constantia* de la Deuxième Lyonnaise (Coutances)?

Les autres mentions sont beaucoup trop hypothétiques ...
Par exemple, dans "les corps de cavaleries comtales" (*uexillationes comitatenses*):
equites constantiani felices (W11) (, peut être "les chevaliers honorés de Constantia", mais Constantia est le nom de plusieurs villes de l' empire romain... (je pense que *felices* doit être considéré comme ayant le sens de "méritants, distingués, décorés")
Pareil pour *equites constantiani feroces* (W16).

prima flavia constantia (E9) (dans la partie "Orient")

Pline l' Ancien

Ecrivain latin du 1er siècle.

Dans son Histoire Naturelle, il cite les noms des peuples de nombreuses régions
Dans le livre IV, 107 (appelé aussi: chap. XVIII), il englobe toute la Gaule Lyonnaise et cite pêle-mêle: les Lexouii, les Ueliocasses, les Abrincatui, les Uiducasses, les Bodiocasses, les Uenelli, etc...

Ptolémée

La géographie de Ptolémée, géographe grec du IIème siècle.

Cet important document, difficile à interpréter, mériterait, de nos jours, un réexamen complet, mais je doute que l'institution soit capable de le faire, puisque remettre en cause les hypothèses depuis longtemps répétées est contraire à sa politique.

Les difficultés sont multiples:
- parcimonie des noms de peuples et de villes relevés.
- homophonie de nombreux noms de peuples, de rivières et de villes.
- un système de coordonnées complexe qui repose sur des identifications plus incertaines qu'on ne croit.
-etc...

Pour la région qui nous intéresse, trois peuples ont été relevés:
(livre II, chap.8)

1- les Ouenelwn
*Krokiatonon **limên**   18°50 50°20*
Olina potamou ekbolai 18°45 51°00

les Uenel-
place-forte: Crociaton-   18°50 50°20
embouchure du fleuve **Olina** *(l' Orne)* 18°45 51°00

Le grec *limên* signifie "port pour s'abriter contre la mer, retraite, refuge, asile".
Olina = l' Orne > une des origines du phonème /l/ est un phonème guttural /Ṛ/ exprimant l' assemblage (*Or-ina* = qui assemble (or) l' eau (ina), voir ancC: *enn* = eau (vol.232, p 167).

Dans la description de Ptolémée de l' ouest vers l' est, les *Uenel-* se situent entre les *Uiducass-* et les *Lexoui-* , ce qui, jusqu' à présent, d'après les chercheurs, situerait les *Uenel-* entre Caen et Lisieux !
Plus loin, toujours dans le chapitre 8, dans sa description d' est en ouest jusqu' à la pointe Finistère, Ptolémée garde le même ordre.
Voir ci-dessous ma localisation des *Uiducass-*.

Mais cet ethnonyme se retrouve aussi dans la description de la région de l' embouchure de la Seine:
Oueneliokasioi
wn polis Ratomagos 20°10 50°20

les Ueneliocasse-
leur ville: Ratomagos

Oueneliokasioi est généralement considéré comme une variante de *Ueliocassi*.
Il semble que les renseignements de Ptolémée ont relevé le même nom que le peuple du Cotentin les *Uenel-*, mais qu'ils aient rajouté, d'une manière tautologique, l' élément *cass-* signifiant "peuple".
L'ethnonyme est de toutes les manières: les *Ael-* OU avec une phonétique différente les *Gael-*.

conclusion:
1- Ptolémée nous renseigne que sur l' appellation "les *Uenelles*" et sur le nom de leur ville principale: *Crociaton-* .
Dans sa description, les Uenelles auraient comme voisins: les Uiducasses à l'ouest et les Lexoviens à l' est.

2- les Abrigkatouoi
polis Ingena 21°45 50°30

les Abricatu-
ville Ingena   21°45 50°30

Ptolémée le cite entre les Namnêtes et les Aulerques.
Les chercheurs ont, jusqu' à présent, fait le rapprochement avec les *Abrincates* de Pline, mais Pline ne tente quasiment jamais de localiser les peuples: il se contente de les énumérer par grande région.
Les "coordonnées" d' Ingena ne correspondent probablement pas avec l' embouchure de la Sélune.

On peut supposer un homonyme, d'autant qu' *Ingena* n' a laissé aucune autre trace.

L' ethnonyme compris dans *Abrigkatouoi* est: les *Abri-* OU *Abrin-* OU les *Bri-* OU *Brig-*. On le retrouve dans e nombreuses régions.

conclusion:
les Abrigkatouoi (Abrincates) ne sont pas localisés, et leur ville, *Ingena*, non-plus. Il y avait peut-être plusieurs peuples de la Gaule du nord-ouest qui s' appelaient les *Abri* OU *Abrini*.

3- les Uidoukaisiwn OU Uidoukassioi
Argenous (potamou ekbolai) 18°00 50°30

les Uiducass-
Argen- (embouchure du fleuve) 18°00 50°30

Jusqu' à présent, les chercheurs ont situé les *Uiducasses* de Ptolémée sur la côte du Calvados, mais plusieurs détails font s'interroger:
-l'ordre dans la description est d' ouest en est: Uiducass- > Uenel- > Lexoui- (même place dans la description qui suit d'est en ouest).

- Ordinairement "*Argenous potamou ekbolai*" signifie "embouchure du fleuve Argen". Voir, par exemple:
Kaleitwn
Sêkoana potamou ekbolai 20°00 51°30 = les Calètes > embouchure du fleuve Sequana (la Seine) 20°00 51°30.

Les chercheurs ont voulu voir *Argenous* comme la ville gauloise d' *Aregenua* dont le nom devint Caen (voir vol.237, p 43).
Mais on peut aussi supposer que Ptolémée situe "ses" Uiducasses à l'embouchure du fleuve l' Arguenon, dans les Côtes d'Armor, près de St-Cast-le-Guildo.
D'ailleurs l' appellation "Guildo" que l' on retrouve dans: *Le Guildo, St-Cast-le Guildo, Notre-Dame-du-Guildo*, pourrait correspondre à une phonétique de *Uido. Voir par exemple: les *Ael-* == les *Gael-* .
Les anciennes versions connues de *Guildo* ne sont pas plus anciennes que le XIIIè s., et les étymologies "officielles": du breton *gweled* = fond, sont on ne peut plus fantaisistes (Nègre-18594).

conclusion:
Les *Uid-* OU les *Ui-* pourraient être le nom de plusieurs peuples de la Gaule du nord-ouest.

les peuples

Les traces de peuplement du Cotentin remontent environ à 320 000 ans av.JC (*in* La Manche, toute une histoire).
Même à la période antique, connaître le nom qu'ils se donnaient eux-mêmes, relève d' une gageure, de même que les noms que les étrangers leur donnaient.
J'ai montré plus haut les rares documents qui les mentionnent, mais il importe déjà de bien les comprendre... ce qui n' a jamais été fait.

A ces documents, sources de l' Histoire, on peut ajouter quelques fils qui n'ont pas encore été tirés, comme certaines appellations médiévales de *pagus* OU de *gens*, qui peuvent être les souvenirs des noms de clans, c'est-à-dire de familles protohistoriques.
Pour ma part, après avoir longuement étudié les noms de personnes contemporains et les noms de personnes antiques, je suis convaincu que ces derniers sont à l'origine des noms actuels. J' ai esquissé un exposé dans ce sens, dans mon volume 237: *les descendants des tribus gauloises*.
Comme toujours dans l' Histoire - c'est-à-dire, "l' Enquête", pour les Grecs- l'information est enfouie sous les couches inconnues des langues qui se sont succédées, et que nous interprétons faussement à la lumière des quelques bribes de savoir que nous ont laissées les auteurs latins...

Il importe avant tout de raisonner de manière logique, sans préjugés et en se méfiant des évidences.
Si l'on raisonne ainsi, l' histoire des noms de peuples et de personnes est simple:
Les noms de personnes de la protohistoire ont perduré dans les noms de personnes et de clans et se sont transmis de générations en générations, avec souvent, malheureusement pour nous, des formes que nous n' avons pas encore déchiffrées (comme les éléments signifiant "fils de", etc...). Je n'aborderai pas ici l'autre inconnue qui nous maintient dans un niveau superficiel de connaissance: la mentalité religieuse, qui a joué un rôle primordiale dans l' attribution des noms.

Il semble donc qu' au dernier stade de l' indépendance gauloise, il existait dans le Cotentin deux peuples probablement différenciés par leur langue et leurs coutumes: ceux que les Gallo-Romains ont nommé les *Unelles* et les *Abrincates*.

Mais on peut, sans beaucoup d'erreurs, supposer que le nombre de tribus (clans) était plus important.

A cela, on peut ajouter de probables groupes voisins empiétant sur ce territoire, ainsi que les immigrants maritimes venus du nord, que les sources historiques mentionnent.

Durant la basse Antiquité, le littoral de la Manche était appelé le *litus saxonicus* (la Côte des Saxons).

Mais l'origine de ces peuples nordiques allait sans doute des Irlandais, jusqu'aux Scandinaves en passant par des habitants de la Grande-Bretagne et des côtes de la mer du nord.

Ces immigrations préfiguraient donc les migrations scandinaves du Haut Moyen Age, à l'origine du duché de Normandie.

On peut parler aussi de groupes humains, issus de la conquête romaine: colons et lètes.

Je voudrais attirer l'attention sur le sujet des immigrations scandinaves: il est insensé d'imaginer, comme certains spécialistes ont tendance à le faire, que les "Nord-man" ont débarqué dans un pays quasi-désert, et se sont approprié la plupart des terres du Cotentin (et de la Normandie). L'étude des toponymes le montrent, et le montreront: le principal groupe, qui a influé sur les langues parlées dans la Manche, est celui du peuplement originel, déjà installé et plus nombreux.

1- les Unell-

Cité gallo-romaine, qui devint la *ciuitas* de *Constantia*, puis un diocèse (évêché du même nom).
A l'époque franque, deux *pagi*:
1- le Coutançais OU Cotentin. Moreau dit que l'on trouve parfois l'appellation *pagus Onellicus* (p 95).
2- le Corlois (pagus Coriovallensis) ou pays de Cherbourg.

(extrait du volume 237)
les Unelli

Moitié nord du Cotentin.

L'élément signifiant "peuple" est "un-", voir *Uenetes*. L'élément *un-* OU *-on* se retrouve fréquemment dans les ethnonymes du monde. ancFR: *onier* = unir.
Le véritable ethnonyme est les ***Elli*** OU ***Aeli***.

La signification est: les Hommes. Le français a retenu le mot pour le pronom qui représente le masculin: *il*.
Une des versions principales du mot est: les *Gaëls*, "peuple celtique établi en Irlande et en Ecosse, vers la fin du 1er millénaire avant JC " (Larousse). La fricativité du souffle explique la valeur de gutturale prise par le souffle.
On retrouve l'intensification du souffle dans le même ethnonyme de la région de Rouen: les *Uelio-casses.*

Leurs capitales ont été appelées *Cosedia* (IVè s.) et *Constantia* (vers 400).
On identifie toujours *Cosedia* à *Constantia*. Cela ne correspond pas à mes constatations (que je présenterai prochainement). *Constantia* est effectivement devenue le siège de l'évêché: aujourd'hui, *Coutances*. Mais *Cosedia* ne possède pas du tout la même localisation, ni la même phonétique.
A ces capitales, il faudrait ajouter Cherbourg , Saint-Lô, et Valognes. Je

reviendrai sur leur identité.
Juste une digression en passant: le nouveau nom de St-Lô, *Sanctus Loth* en 899 (Beaurepaire-200) ne peux masquer l' hypothèse la plus vraisemblable: "Sanctuaire des Aelo", d'autant que sa situation, à l'emplacement d'un pont sur la Vire, correspond à un emplacement traditionnel de sanctuaire.
Peut-être en lien, comme souvent, avec l' ethnonyme, on peut signaler le nom de la rivière qui traverse une partie du pays des *Aels*: l' *Elle*.

<u>un peu de phonétique</u>, *el / ael* a pu se prononcer et s'écrire:
-ail, ali, alu
-eil
-guil-, goil-
-heli
-ili
-oil-
-uel-, uil-
-veil-
-wil-

<u>Noms de personnes antiques:</u>
-Aeli, Aelian-us, Aeliomar-us
-Ailo, Ailio
-Ali-us, Alli
-Eli, Eliomar-us
-Gail-us, Gallo (Galloni)
-Gelli, Gellio (Gellioni)
-Heli, Helui, Hiili-us
-iallu-s, ielio (ielionius)
-illi, illiani, illio-mari
-Liomari, Liio, Leo
-Ueli-us, Uillo, Uli-dorix, Ulei-us, Ul-us

Noms de familles actuels courants dans la Manche
Alix (< Alec-ius)
Anquetil < anquet-Ael = qui fait continuer Ael- (voir ancFR: *enquiter* = rendre libre)
Gilbert < Gil-bert < descendant de gAel
Gille == gAel
Gosselin < goss-Elin = enfants d' ilin-us
Guillard < Guill-ard = descendant de gAel
Hamel < ab-Ael = fils de Ael (même construction qu'en Gallois)
Hamelin < ab-ilin-us)= fils de Ael
Houel < hu-Uel = qui fait aller en avant Ael (comme Juhel)
Juhel < u-Hel = qui coule de Hel
Villard < Vill-ard = descendant de Uill-o

2- les Abrincates

Cité gallo-romaines (*ciuitas Abrincatum*), qui devint un *pagus Abrincatinus* ou Avranchin, doublé d'un évêché.

(extrait du volume 237)
les Abrincates
région d'Avranches

Ptolémée (IIè s) écrivait en grec: *Abrigkatouoi*.
-*cates* signifiant "le peuple" , il faut donc parler des **Abrin**.
Une de leurs capitales s'est appelée *Abrincatis* (vers 400) et *Abrincae* (VIè s.) > auj: *Avranches*.

Les *Abrin* est un ethnonyme assez fréquent dans le monde.
Exemple: les *Briniates* (Ligurie), etc...
Signalons les connotations: latin: *aprinus* = du sanglier; *brunicus* = petit

cheval (qui viendrait du celtique).
ancFR: *prin* = premier; commencement; fin, mince
prin= moment du frai.
princé = prince, chef.

Mais les connotations ne doivent pas faire oublier que les noms de peuples signifient la plupart du temps = les Hommes, les Humains.
A mon avis, la meilleure origine est l' anglais: *brain* = cerveau, intelligence; dont je situe l' origine dans le verbe gotique *briggan* = rendre meilleur, apporter de la force, améliorer (bri-gen).
L'ODEE fait référence à des langues moins anciennes.

Il est intéressant de faire le parallèle entre *druide* = homme savant (voir les *Tricasses*) ET *brahman* = homme savant.
Les premiers prêtres étaient, à n' en pas douter, avant tout des savants, avant qu'ils ne deviennent des vendeurs de rites, d'attrape-nigauds et de simagrées...
De la même manière, les *Abrin* étaient "les hommes / les êtres pensants", comme les *Man* sont "les hommes / les êtres pensants " (voir skr: *MAN* = penser).

un peu de phonétique, *abrin* peut s'écrire et se prononcer:
- aprin
- aurin / avrin
- barin
- bran
- frain
- flin
- ebrin
- plen
- amrin
etc...

La ville du sud-Manche: *Barenton* est probablement un ancien *Baren-dun* = ville des *Abrin*.

(plus ancienne appellation connue: *Barenton* en 1180; *in* F. de BEAUREPAIRE (*noms des communes de la Manche*, 1986)

F. de BEAUREPAIRE relie *Barenton* à d' autres noms de lieux français en rapport avec l' eau; pour ma part, il me semble difficile d' écarter à la fois l' élément */ton/* qui signifie "ville" dans les langues du nord-ouest de l' Europe (angl: *town*; gaulois: *dun*; etc...) ET l' élément *baren / abren* qui rappelle le nom du peuple qui vivait là. Barenton se situe aux confins de l' évêché d' Avranches, donc proche de la frontière avec d' autres peuples à l'est.

Noms de personnes antiques:
-Abrun-us
-Aprian-us
-Apronios
-Baron- (Baronis)
- Blandi, Blendo
-Brinnius
-Brano
-Brauni-us
-Flanio
-Franch-
- Froni
-Plan-us, Plin-us
-Princi
-Prion (Prioni)
-Ullin-us

Noms de familles actuels courants dans le sud-Manche:

-Auvrouin (*Aubruin)
-Blin (*Ablin)
-Frin (*Afrin)
-Lefranc < alla-Bhran = descendant de Bran- (le "c" est à la fois la trace du nom de peuple: Abrin-ka = qui assemble les Abran, à la fois l' attraction du FR: *franc,* et aussi un phénomène linguistique qui transforme la fin

de la nasale en gutturale. Les descriptions linguistiques habituelles "vélaire sonore, nasalisation", etc... me semblent plutôt imprécises)
-Prenveille < Pren-veille, avec -veille == *feillle == latin: *filius* = fils; FR: *filer*= aller en avant)
-Pringault < Prin-g-hald = descendant de *Abrin*.
etc...

Il y a certainement d'autres tribus dont , parfois, on peut retrouver les noms par l' analyse des noms de *pagi* (partie de *ciuitas*) ou dans des inscriptions antiques ou médiévales.

3- un peuple du *pagus* ***Coriovallensis***, nom formé d'après *Pago Coriovallinse* ET *de Corialinse*, dans un document IXè s.(*Gesta Fontanellensis*, cité *in* Moreau)
A mon avis, il s'agit du même peuple que les *Ell-* composant le mot *Unell-* ("peuple des Ell-"). Comme la ville de *Coriallo* (Peutinger), la composition *cori-allo* signifie ce qui assemble les *Ael-*, c'est-à-dire à la fois le peuple (*cor*), mais aussi "la ville"(*cor*).
Comme dans l'ethnonyme voisin: les *Coriosolite*s, il existe un élément *cor-* signifiant "peuple, troupe". (XD1: *corios* = armée)
L'irlandais médiéval possède *cuire* = troupe, armée.
gall: *cordd* = tribu, clan.
Vendryes ajoute le vieux persan: *kâra* = peuple, armée (LEIA-C275).
Le français a gardé le mot: *corps* [ko:r] = ensemble d'éléments ou d'hommes.
Parallèlement à cela, il existe aussi un élément signifiant "maison, habitation".
Voir breton: *kêr* = ville, lieu habité.
Ce peuple peut donc s'écrire et se prononcer: *Ell-* / *Ael-* / *Ual-* , ainsi que, avec la fricative, *Gael-* / *Gal-* et l'on peut ajouter *Gaul-*.

Sur la forme du Haut Moyen Age *Coriovallinse*: issu du latin: *Coriouallens.
Le suffixe latin *–ens* est un suffixe ablatif, indiquant plutôt l' origine. Billy, lui, l' appelle "un suffixe d'appartenance" (p 211).
Beaucoup plus tard (?), le pays fut appelé le *Corlois* (Corl-ois).

4- Le peuple du *pagus Helgeres* OU ***Helgenes***, aussi appelé *Kelgenas* (vers 1000). Voir Beaurepaire p 136.
On retrouve la fricative "h" qui devient "k".

Beaurepaire cite l'hypothèse linguistique d'Adigard des Gautries et Musset qui décomposent ainsi: scandinave: *helgi* = saint + *nass* = cap. Ce qui serait identifiable à la pointe de Flamanville.
Mais Beaurepaire identifie plutôt le nom de ce pays au nom de commune: *Helleville*.
Je souscris à ce rapprochement mais pas pour les mêmes raisons:
Voir à *Helleville*, nos deux hypothèses.
En ce qui concerne le nom du pagus, il paraît évident que *Hel-geres*, *Kel-genas* OU **Helgenes* signifient comme *Unell-*, et comme *Coriall-*, le pays des Ael- ET le peuple des *Ael-*..
Hel-geres = habitation (bret: *ker*) des *Ael-*; *Kel-gen-* = peuple (gen-) des gAel-.

Je pense que la proximité avec le peuple des **Ui** (Uiducasses) a probablement donné le nom d'une ou deux tribus supplémentaires sur le territoire du département.

Le **Sarneis** = le pays du val de Saire
Pagum qui dicitur Sarnes (XIè s)(Beaurepaire-216)
A mon avis, pays de la rivière la *Saire* (à l'est de Cherbourg).

Le **pays** *granvillais* = le pays de la ville de Granville.

les *Ambibarii, Ambiuarii, Ambiuarit e*t *Ambiliates*:
Certains latinistes et historiens ont voulu localiser ces peuples dans le sud du département de la Manche. Je dois dire que ces hypothèses me semblent pour le moins farfelues.
Pour mémoire, mes études phonétiques ont identifié les premiers vers la ville de Paimpol, et les seconds vers la ville de Piriac (Loire Atlantique) (voir étude n° 128, langue-et-histoire vol.181).
Maurice RAT (notes de la traduction de la Guerre des Gaules): "L' état des Ambibariens occupait sans doute un territoire correspondant au sud du département actuel de la Manche et au nord de celui d'Ille-et-Vilaine."
Léon COUTIL dit: "*les premiers habitants de l' Avranchin furent les Ambiuarii, Ambiuariti, Ambiliates, qui au premier siècle de notre ère sont ensuite désignés sous le nom Abrincatui*" (page 116).
Ces déclarations sont complètement hypothétiques...

Ces peuples, cités par César, ont fait partie de ceux qui s'opposèrent aux Romains dans l'ouest de la Gaule, que ce soit lors de l'expédition de Sabinius, ou lors de celle contre les Vénètes.
Coutil justifie son affirmation par "les étymologies proposées pour ces quatre peuples"... à savoir "un confluent pour des guerriers, etc... " étymologies glanées, dit-il, chez Roger de Belloguet, H.Gaidoz et les dictionnaires bretons de Legonidec et de Troude.

Mais l'affirmation de Coutil n'a, heureusement, pas été retenue par les historiens: que ce soit en raison des étymologies ou du manque de preuves à l'appui, cet opinion laisse à désirer.

Personnellement, j'ai étudié la localisation des peuples gaulois, et je ne les situe pas dans le sud de la Manche...
On peut comprendre son raisonnement, malheureusement appuyé par de fausses étymologies, car les Abrincates sont absents dans la Guerre des Gaules. Par conséquent, Coutil ne pouvant pas concevoir cette absence en a conclus qu'ils n'existaient pas sous ce nom au 1er siècle av JC...

On peut faire une remarque sur l'opposition qui a pu exister entre Unelles et Abrincates. En effet, autant les Unelles furent, à lire César, des ennemis de Rome, autant les Abrincates ne sont jamais cités comme ennemis de Rome. Il a pu s'ensuivre une certaine favorisation des Abrincates, qui ont pu, peut être, ainsi, obtenir des gains territoriaux (?).
Ce jeu des alliances fut, à n'en pas douter, le nerf de la guerre pour les Romains, et se retrouve dans la plupart des épisodes de la Guerre des Gaules. Cette hypothèse, de l'opposition Unelles-Abrincates, est d'ailleurs soulignée aussi par Moreau qui dit: "(les Abrincates) peuple qui dépendait probablement des Unelles ". (p 1)

les toponymes

(extrait de langue-et-histoire, volume 115: *les noms de lieux du département de la Manche*, 2016, inédit)

Agneaux (St-Lô-ouest)
Agnels (XIè s)
Passons rapidement sur l'explication habituelle: élevage d' ovins !!

J' ai situé l' antique *Crociatonum* des Ael-, à Agneaux-St-Lô, c'est-à-dire dans la grande boucle de la Vire.
Le toponyme se comprend ainsi:
agan-Ael-s = qui assemble les Ael-.
On retrouve la trace de l' élément /agan/ dans le got: *aigin* = property (FR: propriété, terrain, patrimoine, ce qui appartient à) < AIGAN* = avoir, posséder.
got: *arka* = coffre; lat: *arca* = coffre.

Il est possible que la phonétique ancienne ait fait que *aigin* ait été connoté par le got: *airkn-s** = saint. Ce qui peut avoir provoqué l' appellation *St-Lô* (< airkn-Aelo).

Le patronyme aristocratique local d'Agneaux se comprend aussi comme "de ceux qui rassemblent la lignée des Ael-" < agen-Ael-s.
Exactement comme le patronyme "roturier": *Chaignel, Chaigneau* < atsa-aign-Ael = qui fait aller en avant (atsa) la lignée des Ael-.

Agon-Coutainville (St-Malo-de-la-Lande)
Commune formée des ancienne villes d'Agon et de Coutainville.
Agon se situe environ 1 km à l'intérieur des terres, tandis que Coutainville est la station balnéaire sur la côte.
Voir à **Coutainville**.
Le vocable *Agon* désigne aussi la pointe obstruant l'embouchure de la Sienne: la Pointe d'Agon.
La ville est désignée *Agons* au XIè s.
Beaurepaire évoque deux sens possibles: "pierre" et "pointe". Lepelley: "la butte".

Tout d'abord, mon hypothèse est que la signification de *Agon* n'est pas la même dans le nom de la ville et dans le nom de la Pointe.

La pointe d'*Agon*, paraît évidemment, de manière tautologique, "la pointe de la pointe", voir mon vol.148.
J' y ajoute, l'ancFR: *agun* = pointe, aiguillon < d'un mot de l'anc.celtique.

En ce qui concerne, le village d'*Agon*, nous retombons dans le vaste et complexe paradigme toponymique et religieux d' *Aregenua* (voir mes nombreuses études).
Pour résumer, j' ai mis en évidence deux significations principales:
1- "pont", ou éventuellement, "route". Puisqu'un pont, comme une route, permet d 'aller au loin.
2- "embouchure", puisque l' étymologie védique de *Aregenua* est "qui munit de l' assemblage". Il s'agirait donc ici de l' assemblage du fleuve à la mer.
3- dans le domaine religieux, *Agon* signifie "l' Assembleur", c'est-à-dire "Celui qui relie le monde lumineux au monde obscur", c'est aussi "Celui qui sauve", comme le pont qui permet d'aller au-delà. L' ancien FR possède le mot: *aconduire* = accompagner, amener, conduire; mais aussi (étayant le sens d' embouchure), se jeter dans... !
Le gotique exprime aussi le sens de "salvation", par le verbe *gani-san* (==*agani-san*)= être sauvé; *ganas-jan* = guérir, sauver.
En observant mes hypothèses concernant les voies antiques, il paraît évident qu'il s'agit de l'ancien emplacement d'un passage de la Sienne, lorsque le trait de côte se situait plus loin (comme les recherches sur les pêcheries le montrent et peuvent le dater).

Il me paraît aussi nécessaire de dresser à nouveau la liste des phonétiques possibles du mot gaulois *aregenua* = pont, relation:
(en plus des développements déjà énoncés dans mon vol. 237)

1- *argen*
Ex: *Argentan* < argen-tan = la ville du pont).

2- *gen-ua* / *rgenua*
Ex: italien: *Genoa*).

3- *cena* / *cana* / *cauna* / *cona*
Ex: *Aregenua* > Caen
Cenabum ("pont OU passage sur l'eau") > Gien

Caunes dans NL: *Caunes*-Minervois (Aude), pont à l'entrée des gorges de l' Argent-Double.
Prob: *Cuneo* (Italie) (*Coni* en français)
etc...
Il suffit de vous reportez à mon volume 186: manuel de toponymie française, 1ère partie: les noms des cols.
(col de Caun-an, col du Mont-Cenis, etc...)

4- *gien*
Ex: Gien < Gian (XIIIè s) < Cenabum

5- *arlat*
Ex: Arelate < arl-atta / Ar-atta)

6- *rinna*
got: *rinno* = pont (voir vol.237)
Ex: Rigny, etc...

7- *agon*
Exemples: , NL: Agon (Manche), Agonac (Dordogne)

8- *chena*
NL: Chenonceau < *rgen-ands-eau = pont au-dessus de l' eau.
got: *and* = sur, par-dessus.

etc...

A cette liste, il est nécessaire d' ajouter la même racine suffixée différemment:

1- gaul: *acito* = pont (voir mon vol.148) < arc-yata = qui fait (yata) l' assemblage (arc).
Exemple: *Acitodunum* = anc.nom d' Ahun (Creuse) = la ville du pont.

2- *ahun*
Conséquence de l' exemple ci-dessus.

etc...

Airel (St-Clair-sur-l'Elle)

Arel (XIè s.).
Ce village est situé dans les terres humides situées entre la Vire et l' Elle, près de leur confluence.
Adigard des Gautries et Lechanteur comparent le mot au vieux français "arel", qui signifierait "espace non-cultivé". J'aurai tendance à corriger ce mot en *airet*, puisque c'est ainsi qu'on le trouve dans les dictionnaires d'ancien français. Ils ont sans doute pris le "t" pour un "l".
Le paradigme est complexe puisque d'un côté *aire / airet* = espace non-cultivé, ET *arer* = labourer, *are / aree* = terre labourée; *arele* = charrue.

Comme Beaurepaire, je préfèrerais le comparer au NL antique: *Arelate* (anc.nom de Arles). Beaurepaire sous-entend donc que *Airel* signifierait "près des marais", puisqu'il s'agit de la signification académique de *Arelate* (XD1-196). Le problème est que pour les académiques, *marais* se disait **late*. Où donc serait passé le *–ate* ?

Pour ma part, cela fait bien longtemps que j' ai comparé *Arelate* au FR: *relation*, puisqu' Arles était un endroit de franchissement du Rhône depuis au moins l' époque romaine. De plus, un détail va dans ce sens, puisqu' il existe près de Carolles, un petit pont franchissant le Lude qui s' appelle "le pont Harel".
Néanmoins, la situation de *Arel* entre deux franchissements (?)(de la Vire et de l' Elle) ne correspond pas tout à fait à ce genre de toponyme. Tout au plus on pourrait l'interpréter comme" le Passage" (entre la Vire et l' Elle)...

Afin d' aller au-delà, J'hasarderai un sens de "près de / au milieu des eaux" en raison de deux faits:
1- /ar- / en étymologie védique signifie "qui assemble / qui s'assemble" > bret: ar = sur, etc...
2- /el/ possède une signification "eau", voir au NR: *Elle*, voir plus loin.

NR: l' **Airou** (affluent de la Sienne)
Arou (XIIè s.)
Beaurepaire cite plusieurs exemples du paradigme, mais ne comprend pas l' étymologie.

V: < aiR-aua = qui assemble (aiR) l' eau (aua) = concept de la rivière.

Je ne sais pourquoi Beaurepaire rattache le NR: *Airou* au NP: *Dairou*, si ce n'est un réflexe enfantin de ressemblance...

Alleaume (ancienne commune réunie à Valognes en 1867)
Vestiges archéologiques d'une agglomération gallo-romaine.

Beaurepaire pense que *Alleaume* est l' évolution phonétique de *Alauna*, nom de la station routière gallo-romaine de l' Itinéraire et de la table de Peutinger !!!
Je ne connais pas ses connaissances linguistiques, mais le pur bon sens fait que "m" est différent de "n" ! Pensez-donc, chacun de ces deux phonèmes appartient à une classe différente: les phonèmes /m/ sont des labiales, alors que les /n/ sont des dentales !
(je parle de phonèmes, au pluriel, car on s'apercevra bientôt que la plupart des phonèmes ont plusieurs origines, d'ailleurs souvent opposées. Voir la dualité de la pensée ancienne)
Quand on ne comprend pas quelque chose, il ne faut pas hésiter à dire: "je ne comprends pas".
Au lieu de cela, des linguistes (presque tous !) ont inventé des théories complètement abracadabrantes de changements de phonèmes !

Il est nécessaire de revenir à l' explication du toponyme antique *Alauna*.
Les toponymistes académiques clament depuis un siècle que le nom de lieu *Alauna* est le même que les théonymes: *Alaunio* (en Narbonnaise) et *Alauna* (en Germanie).
D'ailleurs, toujours avec aussi peu d'intelligence linguistique, Beaurepaire différencie les théonymes *Alaunius* ET *Uallaunius* qu'il cite dans son paragraphe insensé sur Valognes !

Pour un linguiste qui a travaillé sur les mots antiques, il est évident que *Alaunius* == *Uallaunius*...

Bref, si le NL *Alauna* possède, évidemment, une connotation religieuse en rapport avec le théonyme *Alaunius*, le véritable sens de *Alauna* est "ce qui assemble les Ael-". Si les linguistes avaient mieux étudié le latin exposé par Felix Gaffiot dans son ouvrage, ils se seraient aperçu que l' élément *–auna* OU *–ona* signifie "qui assemble". Voir l' ancFR: *onier* = unir (d'un mot de l' anc.celtique).

En second le lieu, toujours au détriment de Beaurepaire, ne pas voir (plutôt "entendre") que *Valognes* est la dérivation phonétique de *Alauna* est une faute impardonnable pour un linguiste.
Bien que les linguistes actuels se caractérisent surtout par leur surdité !
En effet, Beaurepaire pense que *Valognes* < ND: *Uallonius* ET *Alleaume* < NL: *Alauna* < ND *Alaunius*.
J' en reste pantois...

Revenons à *Alleaume*.
Il me semble évident que *Valognes* est la continuation de *Alauna*, peut-être un peu excentrée par rapport à l'agglomération gallo-romaine (le centre de Valognes a-t-il subi des fouilles ?).
Le phénomène est récurrent dans l' histoire des grandes villes: le centre historique se déplace parfois à la périphérie. Un exemple proche nous est donné par Caen qui ne s'est sans doute pas développé à l' emplacement exact de l' ancienne *Aregenua,* proche de l' embouchure de l' Orne.

Les traces anciennes de *Alleaume* sont: (paroisse de) *Sancte Marie Aleaume* (XIIIè s.). Un exemple non-daté *Sancta Maria Alermi* est intrigant, mais plausible phonétiquement (*Aleumi).
Je décompose *Alleaume* ainsi:
Ael-aume = la résidence des Ael-.
Voir got: *haim-s**= ville; vieil angl: *hâm* = ville; FR: *hameau*.

Amfreville (Ste-Mère-Eglise)
Ansfrevilla (XIIè s.)

On peut, comme Beaurepaire, y voir la ville d' *Ansfrid* (NP scandinave), mais cela me semble très aléatoire, d'autant plus qu' une transformation *ans-* > *am-* est quasiment impossible. Lepelley, quant à lui, pense même que le prénom originel serait *Asfridhr* ! encore plus impossible...

Le bon sens rapproche *ans-fre-villa* de l' ancFR: *ens ferré-ville* = habitation sur la route OU de la route. Le mot *ferré* est largement utilisé dans l' ancienne France pour désigner une route. Voir le got: *faran** = aller; all: *fahren* = aller. ancFR: *ens* = de ce lieu, dans.
On peut retracer une route de la baie des *Veys* vers *Helleville-Les Pieux*.

Amfreville n'est pas la dérivation phonétique de *Ansfrevilla*, avec *ans-* > *am-* !
Il s'agit de la prononciation ancienne de Freville > pfreville > mpfreville. L'origine du /f/ est une labiale fortement expirée: /ph/ OU /mh/ . On a un exemple de cette ancienne prononciation dans l' all: *pferd* = cheval ('mpferde).

Ancteville (St-Malo-de-la-Lande)
Ansketevilla (1196).
Hormis la possibilité de l' origine anthroponymique (NP scandinave: Asketill), il me paraît possible d'inclure dans ce nom le v.norrois: *gata* = route, du même paradigme que le got: *gagan* = aller, marcher > all: *gehen* = aller; anglo-saxon: *gan* = aller, marcher.
ans-gata-villa serait "la Ville de la Route".
ancFR: *ens / en* = de ce lieu, dans.
La localisation d'une route à cet endroit me paraît hasardeux, mais il est souvent difficile de retracer les anciennes routes.

Anctoville-sur-Boscq (Bréhal)
Anschetevilla (1155), *Anschitilvilla* (1159), *Anquetovilla* (1248).
Voir ci-dessus.
Le "l" de la version de 1159 pourrait être la prononciation du "r" génitif: pour Anschitirl-villa.
Presqu'un siècle plus tard, le "r" donna logiquement le phonème /o/:

*Anquetar-villa > Anqueto-villa.
Par contre, je ne sais quelle pourrait être cette route.

Beaurepaire dit que "sur-Boscq" fut ajouté en 1947, prob. pour la différencier d'autres Anctoville de Normandie.
Il est à noter qu' Anctoville est à presque 1 km du Boscq.

Anglesqueville-Lestre

ancienne commune réunie en 1812 avec celles de Hautmoitiers et de Tourville sous le nom de Lestre (Montebourg).
Engleschevilla (fin XIIè ?), *Anglicavilla* (1270).
Beaurepaire cite un document de 1398 mentionnant "de la paroisse d' *Englesqueville* et du hamel de *Lestre*.

La signification est évidemment " la ville des Anglais".
La forme est intéressante quant au suffixe adjectival OU génitif *-que / -che*; que l' on retrouve en vieil anglais: *frencisc* = français (prononcer prob. [frentʃiʃ], d'après Matthew EAGLES); équivalent au suffixe adjectival gallois: -*ig*. En anglais, il est devenu –*ish*; comme dans *Irish* < Eir-isc.
On trouve aussi ce suffixe en français: *-ique*.

Appeville (La-Haye-du-Puits)

Apamvillam en 1080, *Apevilla in Baltesio* (XIIè s)(*Baltesio* pour *Balptesio* = le Bauptois).
On peut, comme Beaurepaire, se reposer sur les noms scandinaves (en l' occurrence Api), mais, quand on connait un peu les langues de notre région, un sens de "le Grand Chemin" est beaucoup plus plausible.
Le début nous est donné par les traces toponymiques d'une voie (antique ?) St-Lô- Valognes, avec un certain nombre d' hodonymes: Beuzeville, la Haule, le Bois, l' Épine, etc...
appe- < vieil anglais: *uppe* = above (au-dessus, supérieur).
-ville = route.
On découvrira bientôt un mot de l' ancien celtique **uil*, signifiant "route".
Pour l'instant contentons-nous de:
moyen gall: *hwyl* = voyage; *hwylfa* (hwyl-fa) = route

angl: *will* = auxiliaire du futur < qui fait aller en avant.
wheel = roue < qui fait aller en avant.
FR: *filer* = aller vite en avant / au loin.
ancFR: *veie* = voie.
etc...
Les exemples en toponymie sont innombrables.

De plus, *Apamvillam* ne peut pas être le domaine de *Api*. Je ne parle même pas de la disparition du "i", mais surtout de l' accord de *apa* avec *villa*, à l'accusatif latin, qui montre que *apa* qualifie villa.

Ardevon (ancienne commune rattachée en 1973 à Pontorson)
Ardevone (en 1054)
Les explications de Beaurepaire sont un fatras incompréhensible et fantasque:
Eburodunum (supposition) > *Evrodunum > *Ervodunum (!!!) > *Arvodunum > Ardevo(ne), avec interversion du "v" en "d". Et tout cela avec la signification complètement fausse d' un gaulois signifiant "if" !!!
Mon hypothèse sera beaucoup plus mesurée:
"maison forte", une appellation toponymique courante.
arde- == gallois moyen: **ardw* = défendu, fortifié, dans *ardwy* = protection.
-von = habitation == all: *wohnung* = habitation. Cet élément correspond à l'élément fréquent en toponymie française: *aun-*.

Auderville (Beaumont-Hague)
Audervilla au XIIè s.
Si la solution toute faite du NP scandinave (en l' occurrence *Ealdhere*), ne vous satisfait pas, il faut sans doute regarder vers le vieil anglais: *hwæt* = brave, strong; probablement dans le sens de "sûr".
Ce serait donc encore une fois "la Maison Forte".
A rapprocher du qualificatif toponymique français "le OU la Gaillard(e)".

Audouville-la-Hubert (Ste-Mère-Église)

Beaurepaire cite *Aldulfi villa* (XIè s.) et *Aldulvilla* (XIIè s.), puis *Audovilla* (vers 1210).
Il y a là un problème: comment passer de *Aldulfivilla* à *Audovilla* ?
D' après Beaurepaire, le nom viendrait d'un NP germanique et anglo-saxon *Aldulfus*. Lepelley cite un encore plus improbable phonétiquement Adulfus !

Je ferai remarquer que dans les langues du nord-ouest de l' Europe *ald hwylfa* peut signifier "le vieux chemin":
  v.angl: *ald* = vieux; moyen gall: *hwylfa* = route.

Audovilla pourrait signifier, à mon avis, comme Auderville "la Maison Forte". Au centre d' Audouville, se trouve un site appelé "*la Cour d'Audouville*", prob. d'après l' ancFR: *cort* = domaine, ferme.

Quant au second élément "la Hubert" , si Beaurepaire l'explique encore une fois (!) par un nom de personne, je pencherais plus pour un rapprochement avec le paradigme du got: *faran* = aller, voyager < *ufar* = au loin, au-delà.
Le gotique est à l'origine du gall: *fford* = route; angl: *ford* = gué; etc...
La phonétique ancienne fait que *ufard = *hupherd, et comme d'autre part, une ancienne grande voie passe par là... (hodonymes: "le Grand Chemin", "la Chaussée", etc...)
Ce serait donc "la Maison Forte à la route".
Voir à Pont-Hébert.

Aumeville-Lestre (Quettehou)
Almevilla (1126), *Aumenvilla* (1163), *Almevilla* (XIIIè s.).
Beaurepaire rapporte la signification "académique": d' un NP germanique *Adalmodus / Almodus*.

La double phonétique ALM / AUM rappelle le parallèle v.angl/FR: *helm / heaume* = casque; en vieil angl: la signification est plus large: "protection".
On peut ajouter le parallèle entre l' angl: *home* = maison, foyer, et l' ancFR: *alme* = âme.
De là à penser que *aume* dans *Aumeville* signifie "la maison", le chemin est court.
Ce qui ferait de ce toponyme: "la Maison de la Voie", puisque *ville* peut signifier aussi "la voie", voir l' exemple du gallois: *hwyl* = route, cité à Appeville.

Auvers (Carentan)

Alvers (vers 1095), *Auvers* (XIIIè s).
Beaurepaire et Lepelley s'égarent complètement dans une comparaison avec l'ethnonyme gaulois: *Aruerni*...

L'examen de la position du village tend à faire penser à "Le Grand Chemin". En effet, il y a, à proximité, un "Le Grand Chemin" qui serait sur une route plus récente. Un chemin plus ancien traverse la Sèves, avec les toponymes: Appeville, le Bois, l'Épine, Auvers, Cantepie, etc...
La composition serait:
1- *au-* = grand, haut, important.
Voir l'élément gaulois *uo-*; got: *hauh-s* = haut.
Il y a une alternance *au- / al-*, parce qu'un autre élément des langues anciennes signifie "grand":
got: *hail-s* = entier, sain (bon); *waila* = bien, bon.
gall: *elw* = profit, gain
2- *-uer* = chemin.
anglo-saxon: *faru* = way, journey.
v.norrois: *vegr* = chemin.
got: *faran* = to go.
ancFR: *voierie* = chemin.
Le "s" peut être le marqueur germanique masculin.

Auville-sur –le-Vey

Ancienne commune réunie en 1837, avec celle de Beuzeville-sur-le-Vey ,sous le nom des Veys (Carentan).
Auvilla (XIIIè).
Beaurepaire pense au NP germanique *Avo*.

La situation entre Carentan et Isigny, où passent de nombreux chemins de toutes époques, contournant la baie des Veys, incite à penser au "Grand Chemin".
Pour "grand" voir ci-dessus, et pour "chemin", voir à Appeville.

Auxais (Carentan)

Auces (XIIè s), *Aussois / Auseis* (XIIIè s).
Beaurepaire le compare au NL: *Aussois* en Savoie, mais sans donner d'étymologie. Lepelley tombe dans l' éternelle litanie des noms de personnes romans: Alcius...

Un paradigme toponymique est récurrent en France, bien qu'il soit difficile de le rattacher à une langue précise:
Cé / Sey / Aze / etc... = chemin, passage (pont).
Exemples: *les Ponts-de-Cé,* sur la Loire, près d'Angers (une île favorisa l'implantation d'un passage sur la Loire; *Castro Seio* en 889, *Saiaco* en 967; un quartier de la commune s'appelle: *Sorges*)
Dans la Manche: *le Sey*, le moulin de *Sey*, etc...

L' origine védique est clairement *atta-ya* = qui fait aller (ya) en avant (atta) > *atsai.
ancFR: *has* = enjambée; *seillon* = sillon; *haser* = aiguillonner; etc...
Le moyen FR: *azimuth* (XVIè s) ne provient pas, comme l' a dit Dauzat, de l' arabe: *al-samt* = le droit chemin, mais signifie "qui munit (*muth* = *ment*) d'une direction (**azi* = direction, chemin)".
angl: *to sail* = faire voile.
Le védique: *atta-yatta* = qui fait aller (yatta) en avant (atta), a donné le gallois: *taith* = chemin > *sais.

au-ce doit signifier "le Grand Chemin".
au = grand, voir à **Auvers**.
Auxais se situe sur le tracé d'une ancienne voie, repérée par ses toponymes: St-Sébastien-de-Raids, la Croix verte, le Perray, le Canal (ce n'est pas la voie d'eau !), etc...

Avranches (chef-lieu d'arrondissement, dans le sud de la Manche)

A partir, peut-être, du IVè s, capitale de la cité des *Abrincates*. La première mention est dans la *Notitia dignitatum* (IV-V è s. ?), dans lquelle le préfet d'une unité militaire dalmate est basée à *Abrincatis* (ablatif). On peut raisonnablement isoler une forme originelle de *Abrincas* = qui assemble les Abri- = ville des Abri-.

Une mention postérieure apparaît dans la vie de saint Pair racontée par Fortunat (VIè s): *de Abrincatis* (ablatif de Abrincas).

Avranchin
Nom du pays d'Avranches.
in pago Abrincadino (en 860), *la forest de Avranchedin* (en 1066), puis *Avrenchein, Avrencein*...
Formés à partir de l'ethnonyme *Abrincati*.

NR: l' # Ay
Fleuve qui se jette dans la Manche près de Lessay.
Au Moyen Age, il est écrit "E".
Beaurepaire se trompe quand il le rattache au paradigme /it/ comme l' *Iton*, etc...
Il suffit de mentionner le nom de l'eau et de la rivière en vieil anglais: *ea*.

Par contre, son ancien nom: *Aethe* en 1102; *Ete* en 1105, appartient bien au paradigme de l' *Iton*.
Pour le comprendre, il faut le comparer au latin: *eo* = aller; *it* = il va en avant.

Azeville (Montebourg)
Asevilla (XIIè s).
Probablement pas, comme le dit Beaurepaire, "du NP germanique *Aszo*".

Je pencherais pour un qualificatif de la ville (habitation).
1- "grande, importante"
ancFR: *assez* = beaucoup, très.
latin: *uast-us 2* = énorme (*uast-us 1* = désert, n'est pas du tout le même paradige !)
FR/ angl: *vaste/vast*.
etc...
2- "agréable, commode, bien pourvue, bonne"
ancFR: *asseant* = convenable; *assez* = satisfaction; FR: *seyant*, etc...
etc...

La Baleine (Gavray)

Balena (XIIè s).
Beaurepaire dit: "origine incertaine"; mais il évoque une possible origine "la baleine", le mammifère marin !
Voulant citer une des formes anciennes de *La Baleine*, il cite un NP: *Petro de Balena* !
Comment peut-on mélanger les NP et les NL !
"*de Balena*" signifie "descendant de *Balin-us / Balan-us*, un nom antique courant en Gaule...
Lepelley interprète une "terre à genêts", en raison d'un ancFR: *balain* qui signifierait "genêt".
Il ne faut pas avoir peur du ridicule...

L'étude des langues anciennes disparues (autant dire toutes les langues, puisque les traces écrites masquent l'immense majorité des langues !) montre l'extraordinaire variété des phonétiques et des écritures.
Il ne sert à rien de regarder les mots anciens avec notre lexique... un linguiste devrait en avoir conscience...

Le site de La Baleine est très simple: un bief coupe une boucle de la Sienne et a favorisé l'implantation d'un moulin.
Un des paradigmes celtes pour le moulin, et l'action de réduire en poudre, est: *blan / balan*.
bret: *bleud* (*bleund*) = farine, poudre; anglo-saxon: *blandan* = mélanger > angl: *to blend*.
gall: *blawd* = farine.
Pensez à la marque de farine pour bébés: *Bledina* !

Le toponyme est donc un des anciens noms du moulin: *balena* == *blenda.

Remarquez l'alternance du phonème labial occlusif de l'immobilité: m == b ==mb.
*mbalan == *malan
bret: *milin* = moulin; latin: *mola* = moulin (< *molan); FR: *meule*.
Mais il ne faut pas confondre ce phonème avec la labiale expirée, exprimant le mouvement: *amba / amma* / etc...

Barenton (chef-lieu de canton du sud-Manche)
Barenton (en 1180).
Beaurepaire parle d'un "thème prélatin *barant*, de sens peut-être hydronymique". Ce qui équivaut à dire "inconnu".

Dans la partie concernant les *Abrincates*, j' ai expliqué que les *Abrincates* signifie "le peuple des *Abrin* OU *Abari(n)*". Barenton est donc *Abaren-ton*, c'est-à-dire "la ville des Abarin".
ton == gaul: *dun* == angl: *town* == ancC: *san*.

Barfleur (Quettehou)
Barbefloth, Barbeflueth (XIè s), *Barbatum fluctum* (fin XIè s), *Barefleu* (1146), *Barbeflo* (vers 1175), *Barbeflet* (1200), *Barflue* (1227).
Beaurepaire rapporte que les habitants sont appelés les *Barfleurais* OU les *Barflotais*.
Il dit que Barfleur comporte l' élément assez courant en Normandie –*fleur*, qui proviendrait du v.angl: flod = estuaire, bras de mer.
(mes dictionnaires de vieil anglais ne signalent pas le sens d'estuaire !)
Pour l'autre élément, il dit qu'il n'existe pas d'autre explication que celle d'un nom de personne *Barbatus*.
Il ne précise pas comment ces deux éléments ont pu être combinés (?)
Lepelley tente un logique *bar = pointe, s' appuyant sur un beaucoup moins logique scandinave: *barmr* = sein.

Le site de Barfleur , et son histoire, montre son importance maritime: un des seuls ports convenables de la pointe du Cotentin.
Il est évident que son nom parlera de cela: sans doute une sorte de "abri pour les bateaux".

Il semble qu'il y ait deux versions:
1- *Barbefloth, Barbeflueth, Barbeflo, Barbeflet*
barbe-
Il existe un paradigme signifiant "qui est clos / qui garde à l'intérieur / qui maintient".

Le plus proche exemple est le gaélique : *barp* = tombeau, tumulus (en anglais : *barrow*).
Mais le paradigme est multiple :
NL : Perm (Russie), Parme (Italie) ; FR : *ferme* (maison agricole), etc...
-floth
anglo-saxon : *flot* = bateau ; Le pluriel doit être *fleet*, qui signifie en anglais : une flotte (ensemble de bateaux).
Ce qui donne une signification de "l' abri des bateaux".

2- *Barefleu, Barflue, Barfleur*
bar-
Comparable à *barbe-*, il existe un paradigme : *bar-* = qui garde à l'intérieur, qui protège.
got : *bairgan* (== *bair-jan) = cacher, garder ; gaél : *barant* = sûreté, garantie.
ancFR : *bare* = première fortification de palissade ou de bois, protégée par un fossé (*in* Godefroy) ;
FR : *ber* = structure pour garder les bateaux au sec ; *berceau* = qui garde à l'intérieur ; etc...
Il est intéressant de noter que "barbe" se dit "*beard*" en v.angl. !
-fleu / -fleur
ancFR : *floc* = amas d'eau ; *flue* = écoulement, latin : *flux* = écoulement.
Ce qui donne une signification de "l'abri des flots".
Le "r" de *–fleur* pourrait être une flexion d'ablatif germanique.

La Barre-de-Semilly (St-Lô-est)

de Similleyo, Semillei (XIè s), *Barra de Ueteri Symilleio* (XIIIè s). Beaurepaire énumère également plusieurs NP médiévaux (qu' il ne faut surtout pas rattacher systématiquement au nom de lieu !)
Il pense que le vocable *Semilly* provient du NP "bas-latin" *Similis*... qui aurait donné "un nom de domaine" : *Similiacum*... hum ! hum !

Je suis à peu près d'accord avec son interprétation de "barre", bien qu' il soit un peu trop marqué par l'histoire médiévale, comme beaucoup trop d'historiens normands : "réserve seigneuriale" est vraiment trop restrictif.
Voir le sens d'habitation au mot "*barre*", expliqué à l' entrée **Barfleur**.
Lepelley : du gaulois (inventé !) *barro* = enclos.

Pour revenir aux historiens normands: la Normandie existait avant le duc Guillaume et les établissements scandinaves... attention aux caricatures ! Certes, il n'y a quasiment aucuns documents avant le Moyen Age classique (XIè s), mais cela ne signifie pas que la Normandie était un désert sans hommes, ni langues...

L' élément *semilly* que l'on retrouve dans la région de St-Lô (St-Pierre-de-Semilly, etc...), par conséquent dans un des berceaux des tribus (g)Aëls, se comprend comme sem-Aelly.
ancFR: *somme* = réunion, ensemble < ancC: *som* = caste, classe (voir vol.232).
Le paradigme remonte aux très anciens adverbe gotique: *samaþ* = ensemble, ET préfixe sanskrit: *sam-* = ensemble.
La signification de *Barra de Ueteri Symilleio* (XIIIè s) est donc "le refuge de l' ancienne tribu des Aël-".

Au sujet de la (grande) famille "*de Semilly*", nous, habitants de la Manche, pouvons sans doute nous enorgueillir de compter parmi nos ancêtres un grand poète méconnu du Moyen Age: *Richart de Semilli*, dont il nous reste une dizaine d'oeuvres, conservées dans le manuscrit 5198 de la bibliothèque de l' Arsenal à Paris. L' anthologie *Poèmes d'amour des XIIè et XIIIè siècles* (Paris, Union Générale d' édition, 1983, collection 10/18) en contient un exemplaire, et les auteurs de l' anthologie situent la vie de ce trouvère "vers la fin du XIIè s" et avouent n' avoir "aucun élément biographique".

La Bazoge (Juvigny)

Basolche (1082), *Basocha* (XIIè s).
Beaurepaire cite l' ancien FR: *basoge / basoche* = église, palais.
Il dit que le mot dérive du latin: *basilica* = grand bâtiment civil ou religieux.

Beaurepaire, comme Ernout et Meillet, sont influencés par la fausse étymologie traditionnelle de *basilica*: le grec: *basilikos* = royal.
En réalité, le latin: *basilica* dérive de la racine européenne "maison, mas", etc... (l'alternance des labiales occlusives de l'immobilité !)
Dans "*basoge*", nous avons une autre prononciation de *masure* > *mbasurg-ja, qui peut aussi être écrit *basolche* (en 1082).

La traduction peut donc être: "la Résidence", ou, à la rigueur, s'il y a un élément ("grand) encore inconnu jusqu'ici > "la Grande Maison" (qui correspondrait d'ailleurs au sens de *basiica*).

Beauchamps (La-Haye-Pesnel)

Bello campo (au XIIè s).
Beaurepaire dit que *beau-champ* signifierait "beaux champs cultivés". Hypothèse très simpliste et anecdotique.

Les significations les plus importantes en toponymie de *bel* et de *camp* sont:
-bel = fort, important, grand < ancFR: *bel* = fort, important, de très bonne qualité.
Comme le surnom du roi Philippe IV, qui n'était probablement pas "beau", mais qui était assurément "puissant".
-camp = lieu d'habitation.
Voir latin: *campus* = territoire, place; comme breton: *kamp* = camp.
Le mot pourrait être comme l' anglo-saxon: *hamm* = endroit clos, résidence; mais avec une fricative /k/ remplaçant le /h/.

Beaurepaire note qu'il a été retrouvé une mention "*Beauchamps en Vallée*". Pour moi "vallée" est une version de l' hodonyme: *allée* < ancFR: *alee* = marche, voyage.

Beaucoudray (Tessy-sur-Vire)

Belcodreio (XIIè s).
Beaurepaire dit: "beau coudraie " < lieu où poussent des coudriers.
Passons...

Il existe un paradigme anglo-saxon "*cot*" signifiant "maison".
bel *coder pourrait signifier "maison forte / grande maison".
Beaucoudray étant sur la route Granville-Tessy-sur-Vire, il existe une éventualité pour que *cod-rei* puisse signifier "l' habitation de la route", avec *cod* + *rei* (ancFR: *raier* = faire couler; *reille* = sillon > FR: *raie, rail*); grec: *rhew* = couler, s'élancer vers.

Beauficel (Sourdeval)

de Belfuisselo (XIIè s), *de Belo fussel* (1203).
Beaurepaire propose un improbable: "beau morceau de bois", car c'est le sens de l' ancFR qu'il s'escrime à aller chercher, prétextant qu' un sens annexe pourrait être "belle futaie"...

Dès qu' on s'aperçoit qu' il y a un déterminant *"en-Beauficel"* dans un toponyme situé à 3 km, l' éventualité d' un toponyme type "le Grand Chemin" est possible, puisqu' il pourrait s' agir de deux lieux placés sur le même chemin.
La forme toponymique "en" signifie en général "dans" OU "sur" OU introduit un ablatif.
Autre indice déterminant, à 1 km, il y a un toponyme typique des grandes voies: *le Chatellier* (=le fort de la voie).
Pour compléter le tout, il y a un paradigme celte: /fuis-/ = rapide.
 moyen gall: *ffysg* (*ffysig = ffys-ig) = rapide.
Les traces en français sont: *fusée, fuser,* etc...
Un paradigme voisin est celui issu du latin: *fundo* (== *fuðo) = faire couler, répandre > supin: *fusum*; *fusus* = écoulement; *fusio* = action de répandre.
> FR: *fondre* = aller vite sur qq chose; *à fond* = rapidement.
Le paradigme étendu aux autres labiales comprend: /beis/ buis/ et signifie "chemin" ET parfois "pont, passage".
gall: *beisio* = marcher, traverser; moyen gall: *beis* = un gué.

Le /l/ final est prob. une prononciation du suffixe agentif "-er": *fuiser == *fuiserl.

Donc la signification de *Beauficel* est prob. "le Grand Chemin".
Néanmoins, je n'ai pas réussi à mettre en évidence un quelconque tracé sur la carte.

Beauvoir (ancienne commune rattachée à Pontorson)

Belveer (XIIè s).
Les toponymistes enfantins (Beaurepaire) interprètent ce nom comme "beau à voir" = d'où on a une belle vue !

Le thème -*veer* est pourtant clairement le vaste paradigme /VER / FER/: angl-saxon: *faru* = trajet, voyage; v.norrois: *vegr* = road, le toponyme français courant: *le Ferré* = la voie, etc...
La situation de Beauvoir au début d'une ancienne traversée de la baie, dont le Mt-St-Michel serait une station religieuse du passage, paraît plausible.
> la Grande Voie.

Belval (Cerisy-la-Salle)
Bella Ualle (vers 1210).
Evidemment pas "beau vallon" !

gallois: *gwal* = wall; *wâl* = tanière.
latin: *uallum* = palissade, rempart, protection.
> "Maison Forte / Grande Maison".

Benoistville (les Pieux)
Benedicti villa (vers 1000), *Beneevilla* (sans date), *Benestville* (XVè s).
A courte vue, on peut dire: "ville de Benoît" OU "ville bénie".

Le sens originel le plus sûr est sans doute: "Bonne Ville", dans le sens "ville sûr, bien pourvue".
L' origine du verbe *bénir* est faire devenir heureux"; ancFR: *beneïstre* = bénir, déclarer bienheureux < réaliser (-tre) le bonheur (*beneïs*).

Néanmoins, "la ville du chemin" peut être envisageable.
breton: *bann* = rayon; gaél: *badh* = route > paradigme de l' angl: *to bind* = relier entre.
Le gaél: *badh* peut nous expliquer les toponymes voisins: Besn- / Besnard, etc... (< *badhan-)
Voir **Besneville**.

La Beslière (La-Haye-Pesnel)
Berleria (XIIè s), *Belleria* (XIIIè s).
Ancienne commune rattachée à Folligny en 1973.

Evidemment pas "la cressonière", d' après un vieux français (?) *berle* = cresson ? (pas retrouvé dans mes dictionnaires d' ancFR)

Comme le suivant, nous avons les trois mots des langues anciennes synonymes de "grande / bonne / forte": bes / ber / bel.
 v.angl: *bests* = le meilleur > bes-lière
gaul: *uer* = très, grand, important > ber-leria
ancFR: *bel* = fort, important, beau > bel-leria
A noter que l' ancFR: *bel* est une prononciation du gaulois: *uer* (*uerl).

Un paradigme des langues du nord-ouest de l' Europe signifie "maison, habitation":
angl: *lair* = tanière.
got: *ligr-s* = lit, couche; v.haut all: *leger* (*legr) = lit, camp.
Voir les *lares* latins = dieux protecteurs du foyer.

> bes-lière = la Bonne Maison / la Grande Habitation.

Beslon (Percy)

Beslon (fin XIIè s), *Bellon* (XIIIè s).
Beaurepaire dit qu'une ancienne commune (*Saint-Fragaire*) y a été rattachée en 1826.
Pas d'étymologie connue.
Néanmoins, Beaurepaire juge que l' élément scandinave *lundr* est peu probable...

Il y a peu de doutes, justement, à mon avis, que cet élément n' y soit présent.
v.norrois: *lund* = chemin; gall: *lôn* = chemin.
Le premier élément est, au choix, v.angl: *bests* = le meilleur (XIIè s) ET ancFR: *bel* = fort, important (XIIIè s).
best-lôn = le Grand Chemin.
Il semble qu' une grande voie Villedieu-Caen passe non loin.
La commune rattachée *Saint-Fragaire* pourrait être "le sanctuaire de la voie" < san- fara(g)-er   < ancC: *san* = sanctuaire, retraite (voir vol.232) ET *fara(g)er* = de la voie (*fara* < angl-saxon: *faran* = to go, to travel).

Besneville (St-Sauveur-le-Vicomte)

Apparemment, il n'y a pas de formes anciennes ressemblant à *Besneville*. Les formes connues sont *Bernevilla* (XIIè s.), etc...
La simplicité voudrait que le toponyme proviennent du NP germanique: *Bern*.
La différence *besn / bern* est passée sous silence par les linguistes (Beaurepaire) car "évidemment", il ne peut s'agir que d'un rhotacisme (substitution – par un coup de baguette magique- de la consonne [r] à une autre consonne. Généralement [z], [d] et [l], *in Larousse*)
La forme *besne-ville* est peu courante en toponymie.

Ma conclusion est que deux mots *besn-* ET *bern-* signifient la même chose.
A l'entrée *Benoistville*, j'ai évoqué le thème /bas/ dérivé du gaél: *badh* = chemin, qui a pu donner *badhan* = chemin > *basn; gall: *beisio* = marcher, traverser.
Un autre paradigme hodonymique consiste en /fern/pern / bern/ en raison de l'alternance des labiales du mouvement.
L'exemple le plus évident est l'all: *fern* = loin (d'origine gotique).
angl-saxon: *fering* (*ferin) = voyage, *feran* = to go, to travel.
angl-saxon: *fernes* = passage, transition.
Le développement /perin / peron/ est surtout utilisé en France.

> "la Ville du Chemin"

Beuvrigny (Tessy-sur-Vire)

Bevreneii (XIIè s), *Bevregny*, *Bouvregny* (XIVè s).
Evidemment pas "le domaine de *Breuinus" (NP latin)...

L'endroit semble humide (sur la carte) ET /beuu/ est un élément de nombreux hydronymes.
Tout le paradigme provient d'une racine ancienne signifiant "eau".
ancC: *abae* = eau (vol.232, page 52); skr: *ap* = eau.
Une partie du paradigme s'est spécialisé dans l'expression de l'eau trouble, de la boue.
gall: *baw* = boue; FR: *bouillon*; FRpop: *bouillon* = l'eau; mot régional: *bouille* = bourbier, marais, dans le Nivernais (cité par Dauzat, NDE-101).

Je décompose le toponyme ainsi: *beuv-rigny*.
Dans mes nombreuses études sur le gaulois *Aregenua*, j' ai mis en évidence son évolution phonétique et ses parallèles dans les langues voisines.
 got: *rinno* = passage, pont ?
Comme de très nombreux toponymes français -*rigny* signifie: "le lieu du passage, du pont".

> "le passage au-dessus du marécage".

NR: **Beuvron** (affluent de la Sélune)
fluvius Bevronia (sans date).
Fait partie d'un large paradigme hydronymique.

Voir le toponyme précédent.
Ce nom de rivière se comprend ainsi: beuv-ron = qui fait s' écouler (ron) l' eau (beuu).

Beuzeville-au-Plain (Ste-Mère-Église)
Bosavilla in Plano (en 1080).
Evidemment pas "la ville de Boso" (NP germanique).

Beuzeville est sur un ancien grand chemin qui rejoignait la côte du Calvados à celle du Cotentin, en passant par la baie des Veys, à l'époque moins envahie par l'eau. Les traces toponymiques dans la Manche vont du "Grand Vey" à *Montebourg*, en passant par "la Chaussée" et "le Grand Chemin".
Le paradigme est celui du gallois: *beisio* = marcher, traverser.
Ce paradigme est sans doute à l'origine du FR: *bus*.
Il comprend aussi l' angl: *boat, to boost, to boot, to buzz*, etc...

Beuzeville-la-Bastille (Ste-Mère-Église)
Bosonis villa (en 1082), *Bosevilla in Bauteis* (fin XIIè), *Beusevilla in Bautheis* (XIVè s).

Beaurepaire rapporte que l' adjonction de "la Bastille" s'est faite en 1791, à la suite de la prise de la Bastille.
La Bastille est un hameau à env. 1 km au nord, de l' autre côté de la Douve.
ancFR: *bastillon* = bastion. Il s'agit donc d'un fort. Peut-être pour défendre le pont au-dessus de la Douve.
L' adjonction de "la Bastille" sert surtout à différencier les *Beuzeville*.
Voir ci-dessus pour le sens de "ville de la voie".

La voie en question est traçable et devait servir à relier St-Lô à Valognes et au nord-ouest du Cotentin.

Beuzeville –sur-le-Vey (Carentan)

Bosevilla (sans date), *Beusevilla super Vada* (en 1213).
 Ancienne commune.
Voir la signification ci-dessus.
"*super Uada*", traduit par "sur-le-Vey" , signifie "sur le passage" < latin: *ua-do* = aller, marcher.
Beaurepaire choisit le français "*les gués*" pour traduire "*les Veys*", mais la signification exacte en français de "gué" est "passage peu profond d'une rivière qui peut s'effectuer à pieds".
La région des Veys n'est absolument pas propice aux gués. Il faut plutôt imaginer des systèmes de ponts et de chemins sur pilotis pour traverser les innombrables cours d'eau et marécages de cette région qui s'étend d' ailleurs quasiment jusqu' à Lessay. Ce qui a pu faire considérer "le Clos du Cotentin" (nord du Cotentin), comme une région anciennement quasi-insulaire.

Les Biards (Isigny-le-Buat)

Ancienne commune rattachée en 1973 à Isigny-le-Buat.
Biarz (XIIè s).
Entre le "traditionnel" NP germanique et le mot: *bigardio* = enclos, Beaurepaire choisit judicieusement le mot *bigardio*.
Ce mot a été relevé dans le glossaire de Vienne qui daterait au plus tôt du Vè s. (personnellement, je le pense un peu plus récent)
bigardio est censé gloser un mot gaulois: *caio*; il est doublé d'une deuxième signification "*breialo*".

Caio comme *breialo* et comme *bigardio* sont trois mots essentiels en toponymie, puisqu'ils signifient "enclos", c'est-à-dire une des formes d'habitat les plus courantes dans les époques anciennes: une ou plusieurs habitations cernées d'une palissade ou d'un mur. .

Il faut noter que, même si Dauzat et ses collègues se sont probablement trompés pour *les Biards*, ils ont quand même relevé cette étymologie pour des toponymes voisins (exemple: *Biarre*, dans la Somme).

Ensuite, il est intéressant de situer ces trois mots, dans la géographie et l' histoire.

Caio possède probablement une origine celte.

Bigardio possède une origine germanique, puisqu'il fait partie d'un paradigme issu du got: *bi-gairdan** = ceindre ET *bi-hwairban**= entourer.

Breialo n' a pas vraiment d'histoire. Delamarre conclut, un peu inconsidérément, qu'il existait un mot gaulois: *brogilos* = petit bois, d'après "le français vieilli ou dialectal" *breuil*, et certains dialectes allemands.

Il manque évidemment parmi les trois grandes origines (latine, gotique, celtique) une véritable connaissance du celtique ancien puisque les langues celtiques du Haut Moyen Age n'ont pas encore été étudiées...sérieusement.

> les Maisons (fortes)

Biniville (St-Sauveur-le-Vicomte)

ecclesia de Bernuvivilla (XIè s)*Bernienvilla, Berneevilla, Beneenvilla* (XIIIè s), *Benyville* (XVè s).

Ecartons le NP germanique *Bernwinus* qui ne peut donner que très difficilement le mot *Bini-*.

Nous naviguons entre les racines exposées à *Besneville* ET *Benoistville*: BERN et BENN, qui signifient "chemin".

BERN < angl-saxon: *feran* = aller, voyager.

BENN < breton: *bann* = rayon (paradigme de l' angl: *to bind* = relier).

A proximité passe une route St-Lô-pointe de la Hague.

>" la ville du chemin".

Blainville-sur-mer (St-Malo-de-la Lande)
Blainvilla (Xè s), *Bleinvilla* (XIIè s).
Pas le NP anglo-saxon: *Blein*...

J' ai depuis longtemps cerné le paradigme BLAIN / BLAN qui a donné de très nombreux toponymes, oronymes, et autres : *Blanche-Maison*, *mont Blanc*, etc... (voir vol.5 et 148)
gall: *blaen* = principal, le plus important.

J'ai depuis situé l' antique *Cosedia* au large d'Agon-Coutainville et Blainville.

Beaurepaire mentionne qu'un *Blandevilla* a été mentionné en 1146 dans la région de St-Lô. Cela n'est pas étonnant, puisque St-Lô était l'autre capitale des Aël-: *Crouciatonum*.

> la capitale, la ville principale

Blosville (Ste-Mère-Église)
Blovilla (XIIè s)
Ce n'est pas "la ville de Bladulfus" (NP germanique).

Blosville est sur la grande route: baie des Veys- Valognes.
Il y a probablement une prononciation r > l du v.norrois: *braut* = chemin > *blaut*.
Il s'agit du paradigme de l'angl: *to flow* = écouler.
ancFR: *flue* = écoulement.
angl-saxon: *fleotan* = circuler, s'écouler (*bleotan); *plega* = avance rapide; *plegan* = to move rapidly.

Je dirais que BLO / BLOT se retrouve dans beaucoup de toponymes. *Fontainebleau* < fontaine du chemin ? (*Fontem Blahaud* au XIIè s)

le Bocage
Ancien nom d'une région du clos du Cotentin, qui semble s'opposer à une autre région appelée *le Plain*.

La première mention est au Xè s: *cil del boschage et cil del plain* = région du Bocage et région du Plain. Le mot "cil" est absent des dictionnaire d' ancFR, mais je pense qu'une de ses formes est *celle* = habitation > région ?
Le *Plain* est aussi le nom d'un ancien doyenné.
Traditionnellement, on associe *boschage* avec les bois (ancFR: *boschain* = boisé) et le Plain avec le FR: *plaine*, ce qui pourrait être une sorte de: "le pays (sauvage) des forêts" et " le pays (plat) des landes ou des champs"; et aussi une sorte de "le pays intérieur", opposé au "pays près de la côte".
Godefroy traduit l'adjectif *boschage* par "des bois, agreste, sauvage", ce qui donne comme sens général: "non-cultivé" (LAF-74).
Dès le XIIIè s, l' appellation est présente en complément de certains noms de villes: *Torqueteuville en Boscage* (1299).

L' analyse linguistique de *Boschage* et de *Plain* ne me satisfait pas... Tout cela est bien approximatif et hypothétique.
Je "pressens" une étude complémentaire à effectuer concernant les deux paradigmes *Boschage* ET *Plain*. Tout d'abord, l' angl: *plain* = clair, manifeste, me fait penser à un "pays ouvert " (sans haies) et à un "pays fermé" (le bocage), qui pourrait dériver du FR: *boucher* = empêcher de traverser.
Mais comme l' étymologie est une science qui n' a même pas encore commencé (Dauzat: *boucher* < ancFR: *bousche* = touffe d'herbe !), je ne vais pas ici, et tout de suite, refaire l' étymologie de la langue française...

Boisbenâtre (St-Pois)
Ancienne commune réunie à celle de Coulouvray.
Bois Benastre (en 1398), *Bosco Benastre* (XVè s).
Un très aléatoire possesseur du bois pourrait faire illusion.

Etant donné que le mot "bois" en toponymie signifie dans la majorité des fois "chemin" et qu' un grand chemin passe à proximité, je tenterais un "le Grand Chemin", ou plutôt "le Bon Chemin".
bois
Le paradigme est celui de l' angl: *path* = chemin, qui prononcé légèrement différemment donne *bass OU *buass; gall: *beisio* = marcher, traverser.
Voir aussi l' étymologie de "le Repas" dans la légende de la carte des voies.
benastre

un superlatif de *bene* pourrait donner *benester*. Voir ancFR: *benastru* = heureux.

Boisroger (St-Malo-de-la-Lande)
ecclesia sancti Nicolai de Bosco Roger (XIIè s).
("église de saint Nicolas du bois à Roger"?)

Ce qui choque dans les explications officielles, c'est:
1- l' appellation de "bois" pour un village, car il y avait déjà une église au XIIè s, donc ce n'était déjà plus une forêt...
 2- Il semblerait que le Roger dont il est question soit Roger d'Aubigny. Or il me semble discourtois de l' appeler par son prénom, d'autant que Roger n'était pas un prénom rare à cette époque...
roger: ne serait-ce pas plutôt une interprétation de l' adjectif *roge / rouge* employé en ancien français, dont on a la trace dans l' ancien FR écrit: *ahoge* == angl: *huge* = très grand, très large. J' ai déjà relevé cette dérivation dans le vol.237 (NL: *Rougemontiers* = le Grand Chemin).
Pour l' élément **bois**, en toponymie de la très ancienne France, il peut signifier en général deux choses:
1- chemin.
Mais dans le cas de *Boisroger*, il est difficile d'établir l'existence d'un ancien "grand chemin", bien qu' un axe Cosedia-baie des Veys soit plausible...
2- habitation.
Le paradigme de l' angl: *booth* = hutte, stand peut se prononcer *boeth. On distingue d'ailleurs la parenté avec le FR: *boîte*, qui possède le même concept linguistique que "la maison" = ce qui assemble à l'intérieur.
La version anglo-saxonne (*bösig* = stalle, hutte == *bosg) correspond d'ailleurs exactement au "latin médiéval": *bosco* = groupe d'arbre.
Le paradigme anglo-saxon provient du verbe anglo-saxon: *bogian* = demeurer (FR: *bogue* !)

> le Grand Chemin OU la Grande Hutte

Boisyvon (Saint-Pois)
Bosco Ivonis (XIIè s).

Ecartons "le bois d' Ivo" (NP germanique), qui n'est pas très sérieux.

Intéressons nous à *ivon*.
En vieil anglais, *uven* signifie "au-dessus", qui provient du préfixe gothique *uf-* =vers le haut.
Il ne nous reste plus qu' à déterminer des deux racines BOIS laquelle est judicieuse: chemin OU habitation.
Dans le paradigme, il y a le FR: *à fond* = intensément; *abonder*, etc...

> le Grand Chemin OU la Grande Maison ?

Bréhal (chef-lieu de canton)
Brehal, Brahal (XIIè s).

L' étymologie de ce nom est évidente:
Dans le glossaire de Vienne (au moins Vè s), *breialo* et *bigardio* glosent le "gaulois": *caio*.
Heureusement *bigardio* est à peu près bien compris, il signifie "un enclos".
Voir **les Biards**.
Bréhal signifie donc "l'enclos, le village entouré d'une palissade", et, plus généralement "la ville".
Ce paradigme semble être plutôt celtique, tant il a donné de toponymes dans toute la France:
Breil (Alpes-Maritimes), *Breuil* (innombrables...), etc...
Le breton: *bro* (plur: *broioù*) = pays, fait partie du même paradigme, mais avec peut-être un changement de suffixe agentif.
L' étymologie védique: qui fait (-al) l' assemblage (Ra) à l'intérieur (mb).
Pour mieux comprendre les significations et les variations phonétiques du paradigme, voir les développements de Delamarre sur les très hypothétiques *brog-* = territoire, région ET *brogilos* = petit bois.
Il est nécessaire d'avoir conscience que le phonème de jonction /g/ n' ajoute pas de signification; il fait seulement partie du mécanisme linguistique propre, semble-t-il, à certaines langues du nord-ouest de l' Europe qui possédaient un phonème très guttural: /Rg/ avec, en plus, la jonction avec un phonème agentif intensif, susceptible de provoquer une fricative laryngale.
Pour résumer: mb-Rg-hil > brogil-.
La langue gotique ne semble pas utiliser ce paradigme.

ancFR: *braier / braele / braieul* = ceinture.
gaulois: *braca* = culotte, pantalon.

Canteloup (St-Pierre-Église)

Cantelupo, Cantelou (XIIè s), *Canteleu* (sans date).
Le toponyme fait partie d'une série toponymique prolixe, le plus souvent avec chuintement: *Chanteloup, Chantelouve, Chanteloube*, et prob. *Chantelle, Chanteau*, etc... Plutôt dans la moitié nord de la France (peut-être le plus méridional est celui d' Isère: *Chantelouve*).
On peut parler d'un mystère *Chanteloup* en toponymie...

En effet, je signalerai seulement, en passant, l' interprétation académique enfantine (chez tous les toponymistes !): < lieu où chantent les loups.
Il restait donc une impasse: un mot disparu, dans lequel le deuxième élément est homophone de *leu / lou* = loup en anc.FR.

Pourtant, en étudiant les mots utilisés en Gaule ancienne, il existe un mot très proche: *Cantalon* dans l' inscription d' Auxey (Côte-d'Or).
Je ne sais pourquoi Delamarre n' a pas fait le rapprochement (XD1-103)...probablement, comme d'habitude, un trop grand respect pour ses collègues académiques; la critique est mal vue dans les milieux universitaires. Et puis "*là où chantent les loups*" est tellement médiatique...
Delamarre résume donc la recherche sur ce mot, et apparemment, ce serait Joseph VENDRYES qui l' aurait rapproché du soi-disant "vieil irlandais": *cet* = pilier rond, ce qui aurait fait supposer un gaulois *cantos, équivalent du breton: *cant* = cercle.
Delamarre ne cite pas une source qui a certainement joué beaucoup dans les conclusions des "celtologues": l' anglo-saxon *cantel* qui peut signifier "pilier", mais dans le sens réel est "support", ce qui ne correspond pas aux sens retenus...
Delamarre propose donc une traduction de *Cantalon* = pilier, monument circulaire ? OU chant, récitation ?

Ma démarche est très différente...
Comme d'habitude, j'ai une démarche phonétique, acquise après des années de traduction du Rg-Veda, années presqu' inutiles, puisque les institutions ont déjà établi une "traduction" qui ne peut donc plus être contestée...

Un pouvoir ne peut s'établir sur des bases qui peuvent être remises en cause...Pourtant la Science se doit de remettre en cause, en permanence, ses hypothèses...

Donc, en utilisant l' alternance des phonèmes, on s'aperçoit que *cantal-* est homophone de *catal-*.
(le phonème du mouvement /ant/ == /att/).
Puisqu' Il s'agit d'un mot qui doit être récurrent en toponymie: un *chastel* OU *chatel*. En français: un *château*.
En latin: *castell-um*.

Le paradigme possède plusieurs origines:
1- un paradigme celte (?) signifiant "enclos". Voir gall: *caeadle* = enclos.
cadw = garder, conserver; préserver, sauver.
2- un paradigme qui a prob. fait que le mot a été spécialisé dans "la demeure seigneuriale":
ancFR: *chadel / chadelier* = chef.
3- un paradigme: *cant-al* que l' on retrouve dans le gaulois: *cantalon*.
canda- = qui garde, qui préserve. < gall: *cadw* = garder, préserver.
lieu = lieu, endroit, place. Voir ancFR: *lieu / liu / lue / leu*.
Donc *canda-leu* = lieu qui garde, qui préserve = un fort, un château.
Le château ancien est une habitation défendue par une palissade et une position en hauteur.

Pour en revenir à l'inscription d' Auxey, il faudrait étudier les traces archéologiques environnantes, car elle est inscrite sur un bloc de pierre: *iccauos oppianicnos ieuru Brigindone cantalon* = Iccau Oppianicn a fait consacrer par Brigindona le *cantalon*.
Tout au plus, je relèverais la possibilité d' un fort, en raison de la divinité appelée: *Brigindona* est une divinité féminine, qui garde et qui conserve, et d'autre part, *brigin* est un thème souvent relevé dans les lieux fortifiés.
 Voir aussi **Chanteloup, Château Ganne**.

Il reste également à vérifier, quand cela est possible, la présence de traces de fort dans les environs de chaque toponyme.
En ce qui concerne *Chanteloup* (Manche) la vérification est fructueuse.
Chantelou /Canteleu pourrait être le pendant vernaculaire de "*le Châtellier* " d'origine latine, qui est un toponyme fréquemment en relation avec une

grande voie ancienne et qui correspond donc à un fort surveillant la voie et servant de refuge.

Chausey (îles dépendant de Granville)

insula que dicitur Calsoi (XIè s), *ecclesie de Chausie* (XIVè s).
L' élément final est clairement -*ey* que l' on retrouve dans beaucoup d'îles autour de la Grande-Bretagne.
L' étymologie est clairement le v.norrois: *ey* = île; Beaurepaire , lui, préfère un germanique ?: *augia ?
Un homophone est probablement présent dans l' île fluviale de *Cholsey* (Berkshire, GB), *Ceolesig* en 891 (cité par Beaurepaire).

L' étymologie généralement admise est: "île des pierres" < latin: *calx (calcis)* = pierre, caillou.
L'idée provient évidemment de la très importante exploitation du granit depuis au moins le Moyen Age. Cette exploitation étant favorisée par la très bonne qualité du granit de Chausey, et par l'important marnage permettant de charger les barques "facilement" entre chaque marée.
 L' idée est renforcée par les traces de constructions religieuses mégalithiques (cromlech, etc...) qu'on y a retrouvées.

Même si l' idée précédente est plausible, ma démarche sera différente:
1- les toponymes remontent la plupart du temps à une époque protohistorique: donc fi de l' exploitation de la pierre...
2- la pierre n'est pas un élément rare dans cette région, les mégalithes non plus.
3- de tous temps et partout, la principale signification à prendre en compte doit être religieuse...
4- la racine latine CALC- est double, comme toujours dans les sociétés anciennes marquées par la dualité de l' Univers: le verbe latin *calco* = 1- suivre une route; 2- fouler aux pieds, abattre, écraser. Ce sont deux sens opposés: suivre une route = aller vers l' avant; fouler aux pieds = faire aller vers le bas, ne pas aller en avant.
5- le toponyme anglais *Ceolesig* < ceole-s-ig = île du passage, comme très souvent les lieux de franchissement des grandes rivières se situent à l'endroit où le flot est divisé en bras plus petits.

< gallois: *heol* = *ceol (avec fricative) = passage, chemin; le "s" étant l' ablatif anglo-saxon bien connu.
(en linguistique, le "h" gallois est appelé une "spirante laryngale")

Il faut revenir en arrière aux croyances anciennes concernant **les îles de l' occident**, croyances essentielles pour les populations vivant sur la côte ouest du Cotentin.
1- l' île, lieu isolé, appartient au domaine féminin de l' obscurité, du repos et de la mort (voir les nombreux cultes féminins et iliens).
2- l' Homme a le même destin que le Soleil, il meurt à l'ouest et renaît à l'est après une longue période de repos (pendant lequel se déroulent des actions qui ne sont pas du domaine de la présente étude).

Les *îles du passage* sont une étape des morts en route vers la mort et la renaissance solaire.
D'autre part, on peut mentionner que "le passage" peut être une appellation pour la Manche; et qu' il est entendu également qu'il existait une époque lointaine où l' on pouvait traverser à pieds depuis le mont Dol jusqu' à Jersey en passant par Chausey.
(je précise "le mont Dol" parce que, devant Cancale, il y a une fosse qui n'était pas franchissable)

Cherbourg

La tradition fait de l' antique *Coriallo* l'ancien nom de Cherbourg.
Plusieurs faits me font douter de cette tradition:
1- la totale (?) disparition de cette forme antique dans l' appellation Cherbourg (*Carusburg* au XIè s).
2- la distance *Coriallo-Cosedia* de la table de Peutinger: 63,8 km alors qu'aujourd'hui, il faut compter environ 75 km entre Cherbourg et Blainville OU Coutances.

Par conséquent, la première trace écrite de Cherbourg serait *Carusburg* au XIè s.
Billy relate les diverses interprétations du toponyme. Si l' élément *–burg* ne laisse guère de doutes (got: *baurg-s* = ville; all: *die burg* = le château, le fort), le premier élément est sujet à multiples hypothèses: anglo-saxon: *cirice* = église (Beaurepaire et Billy, entre autres), et je passerai sans m' attarder sur

les ridicules "prénom féminin germanique" (Dauzat et Nègre) et "du scandinave: *kjar* = taillis, broussailles OU marais" (de Lepelley) ! Ah, les auteurs normands qui mettent le "scandinave" partout en Normandie ! Que de bêtises...

Mon avis est qu'il faut rechercher la signification de l' élément dans le gotique: *qairu* = épine, pointe. Ce qui ferait, de Cherbourg, la ville ou le château de la pointe (du Cotentin) **> F2** (voir partie: fiabilité des hypothèseshistoriques)
En deuxième rang, on peut citer l' ancFR: *quaree* = estrade, échaffaudage; en admettant que l' urbanisation première fût située en haut de la falaise...

le **Cotentin**
Billy répète la traditionnelle origine du nom qui serait un dérivé de l' ancien nom de Coutances: *Constantia*.
Il cite même un NP: *Cotentin* en 1292... ! (les noms de personnes n'ont rien a voir avec les noms de lieux !)
Tout cela est sans clairvoyance, et s'apparente plutôt au ronronnement...

Certes, rompre avec les éternelles idioties nécessiterait une ouverture d'esprit et des découvertes linguistiques qui ne sont pas à la portée du premier venu.
Découverte linguistique: l'intensification du phonème du mouvement (vers le haut) peut provoquer, chez certains peuples, des fricatives (voir vol.237). Exemple l' ancien FR: *ahoge* = énorme (angl: *huge*), a été prononcé "rouge". Ces fricatives sont écrites *h* OU *r* OU *c*.

cot-
Dans *Cotentin*, nous avons l' ancien FR: *haut / aut* = haut, important; qui n' a d'ailleurs pas grand chose à voir avec le latin: *alt-us*.
Dans le nord-ouest de la Gaule, *haut* a été prononcé *gaut / caut* = grand.
Voir aussi *Cosedia*.

-entin
La signification de ce mot devrait être évidente pour les Manchois du sud, puisque tous connaissent le fameux *Bec d'Andaine*.

Appellation tautologique d' un "bec" de la côte sableuse de la bais du Mt-St-Michel.
Un bec, comme une péninsule, est un morceau de terre qui va en avant dans la mer, et que l' on voit de loin quand on navigue en mer.
L'étymologie védique combine les deux mêmes éléments du mouvement
ann ET ann-, ce qui signifie qui va (ann-/ ant-) vers le haut / vers le loin (ann-)
ann-ann- / *ant-ann* possède de multiples prononciations:

lat: *antenna* (et pas antemna !) = vergue (de navire)

ancFR:
andain = enjambée < qui fait aller vers le loin.
enseigne = marque < qui va au loin
enseignier = instruire < faire aller vers le haut.
insigne = honneur < qui fait aller vers le haut.
intention = intensité < qui fait aller vers le haut.

FR: *enseigne*.
FR: *antenne*.
FR: *andain* = alignement de foin posé sur le sol < qui fait aller au loin (qui se poursuit comme une ligne). Dauzat rapproche le mot du savoyard et anc.vadois: *andâ* = marcher, et du provençal: *anar* = aller (NDE-33).

gall: *twyn* = hillock (FR: butte, monticule) < nt-wnn < ant-unn = qui va (ant-) vers le haut (-unn).

Coutainville (commune d'Agon-Coutainville, dans le canton de St-Malo-de-la-Lande)
Costainvilla (XIIè s)
Beaurepaire avance, comme d' habitude, un nom de personne scandinave: *Kolsteinn*.
Toujours le même subterfuge utilisé par ceux qui ne veulent pas se fatiguer...

Nous sommes dans le même paradigme que celui de Coutances (*Constantia*, au V è s.)
On peut donc poser comme hypothèse que l' ancien nom de Coutainville était *Constain-ville*.

Mes recherches montrent que la *Cosedia* gauloise ne se situait pas à Coutances.

Il s'agit d'un phénomène maintes fois repéré sur les côtes de la Gaule du nord-ouest: les capitales, anciennement sur le littoral, ont migré plus à l'intérieur des terres, sous la pression des pillards et des émigrants venus de la mer.

Les fils conducteurs de cette découverte sont la géographie (les distances entre les villes), la recherche des anciennes voies (grâce surtout aux hodonymes) et la toponymie.

Je vous invite à vous reporter à mes paragraphes concernant les documents géographiques, ainsi que celui qui concerne les anciennes voies.

En ce qui concerne la toponymie, voici ma réflexion:
Cosedia signifiait "la grande ville" / "la grande maison".
Il existait le mot: *caus-* signifiant "grand", voir *Cotentin* (cot-entin).
D'autre part, les langues celtiques comportent un paradigme *ti /nti* signifiant "habitation, là où l'on est". Voir bret: *ti* = maison; *Legedia* (leg-edia / leg-ndia) = ville du pont.
D'autre part, et c'est ce qui au départ a conduit mes premières recherches, la ville voisine s' appelle Blainville-sur-mer.
Dans mes vol.5 et 148, je détaille la signification de *blain- / bren-*.
blain-ville signifie "ville principale, capitale".
Le même exemple existe dans le Calvados avec *Blainville –sur-Orne*, ancien emplacement d' *Aragenua*.
J'en ai donc conclus que *Cosedia* se situait sur la côte, mais probablement effacé par l' océan.

Il existe deux mentions de *Cosedia*:
- dans l' itinéraire d' Antonin: *Cosedia* OU dans certaines copies: *Cosebia*.
- dans la table de Peutinger: *Cosedia*.
Si la version *Cosebia* est considérée comme une erreur du copiste, on ne peut écarter qu'il s'agisse d'une version de *Cosedia* dans une langue nordique, puisque l' élément *–bia*, est un élément "classique" de la toponymie britannique et scandinave.
 anglo-saxon: *bu / by* = demeure.

Il paraît probable que la capitale fut transférée à Coutances vers le début du IVè s., coïncidant ainsi aux appellations en l'honneur de l'empereur Constantin (vers 280-337), dont le nom ressemblait à *Cosedia* > Const-endia = la capitale.
Coutainville signifie "la grande ville, la capitale", puisque *costain* signifie "grand".
ancFR: *hautain* (XIIè s) = grand; FR: *costaud* (XIXè s) = fort; argot manouche: *cochto* = bon, solide.

Coutances (chef-lieu d'arrondissement, siège épiscopal)
Constantia (*Notitia Dignitatum*, vers IV-Vè s).

A mon avis, seulement capitale à partir du IV è s. environ. Auparavant, l'ancienne capitale, *Cosedia*, se trouvait sur la côte, actuellement au large de **Coutainville** et **Blainville-sur-mer**. Voir à ces noms.

A Coutances, il y a de nombreuses traces archéologiques.

NR: l' **Elle** (affluent de la Vire)
Beaurepaire ne cite pas de forme ancienne (il cite des formes anciennes données à la forêt de Cerisy).
Pourtant Dauzat (DENRNM-43) cite comme ancienne forme "*Ala-* en 1240", ce qui est plausible (mais non-attesté ?).

En guise d'explication, Beaurepaire cite "une racine prélatine /al/ qu'on retrouve dans de nombreux autres noms de rivières européens".
Quant à Dauzat, pour lui, il s'agit "d'une base hydronymique préceltique".
Bref, chez ces genres d'auteurs, cela signifie "inconnu".

J'ai moi-même effectué des recherches sur cette "racine inconnue".
Pour moi, ce paradigme signifie "qui s'écoule OU qui fait s'écouler". Je ne rentrerai pas dans les explications védiques qui ne sont pas à la portée des chercheurs actuels...
Ce paradigme comprend:

1- un groupe qui s'est spécialisé dans l' expression de la matière huileuse, qui s'écoule:
latin: *ole-um* = huile; ancFR: *olie / oile* = huile.
v.angl: *ele* = oil (huile).

2- un groupe qui s'est spécialisé dans l' expression d'un liquide fermenté. Comme le gaélique: *uisge* = eau, a donné *le whisky*.
anglo-saxon: *ealu* = ale, bière.

3- un groupe spécialisé dans l'expression du jus et du lait:
grec: *gala / galaktos* = lait   <   *hala, avec la fricative expirée: /g/.

4- un groupe, plus spécialement utilisé chez les peuples gaéliques (et Unelles !) pour exprimer "l'eau, le flot":
anglo-saxon: *ealad* = watery way; *ealdoð* = vessel; *gall* (< g-all) = bile.
ancC: *allas* = sueur.
(pour *allas*, Vendryes dit dans le LEIA: "mot proprement irlandais")
bas-latin: *alestrare* = humecter (ales-tra-are).
(bas-latin: nom qu'on donne aux langues inconnues qui ont été parlées dans l' empire romain tardif et le Haut Moyen Age. On peut aussi l' appeler "la langue romane", bien qu'elle soit souvent à mille lieux du latin !)
Cette glose du glossaire d'Isidore est citée par Vendryes dans le LEIA-A33, pour expliquer l' irlandais médiéval: *ailestar* = sorte d'iris ou de glaïeul, poussant dans les terres humides.
aussi, moyen gall: *elestr* = iris.

La racine est aussi présente en sanskrit: *jala* = eau; mais aussi dans les langues africaine: *Uélé / Ouellé* = branche mère de l' Oubangui.

L'opposition *Ael-* (homme) et *El-* (eau) est typique de la dualité -et des liens en général- qui fascinait les peuples anciens.
Il est donc probable que les hommes de ces tribus (Gaëls OU Unelles) se comparaient au rôle de l'eau dans le macrocosme et, par là-même, vénéraient l'eau...
Par contre, cette dualité rend encore plus complexe la compréhension de leurs mots...

Étienville (St-Sauveur-le-Vicomte)

Aitinvilla (XIIè s), *Aintinville* (sans date), *Aethinvilla, Aytinvilla* (XIIIè s).
Le développement ci-dessous montre l'inanité de l'étymologie officielle utilisant les NP (ici: anglo-saxon *Aettinc).

Première remarque: les différentes orthographes sont intéressantes...
Deuxième remarque: comment peut-on passer sous silence qu' Etienville se situe à l'endroit où la grande voie *Constantia-Alauna* traversait la Douve...
Troisièmement: il existe un paradigme, à la fois celte et à la fois latin, qui signifie "qui va en avant / qui va au-delà". Son sens le plus attesté dans les textes est: "marche, voyage"; mais la toponymie montre que l'autre sens est aussi très fréquent parmi les langues non-attestées: celui de *pont*, de *traversée*".

ATIN / ETIN / ITIN
anglo-saxon: *ytinc* = excursion, voyage.
latin: *itiner* = marche, voyage.

Les ponts et les passages étant des lieux sacrés chez tous les peuples anciens, la liste des "Saint-Etienne" ("le sanctuaire du pont") est infinie.
Les toponymes "le Pont" sont aussi légions: *Sienne* (Italie (< *athienn), etc...
"Ville du pont" OU "de la voie" en Grande-Bretagne: Edinbourg (Ecosse), Attenborough (*Aedingbure* en 1205), Attington (*Ettendum* en 1209), Ettingshall (*Ettingeshale* en 996- avec le "s" de l'ablatif), etc...
Ce paradigme celto-latin a également donné le FR: *sente / sentier* < ancFR: *sente* (fin XII7 s), *sentier* (en 1080).
L'étymologie "officielle" a vu son étymon dans le latin: *semita* = rue, chemin. Les linguistes anciens et actuels sont des enfants qui croient à des choses irréalistes: un "n" ne devient pas "m" par un coup de baguette magique, une erreur de prononciation (comme si cela pouvait exister !), ou un emprunt à d'autres langues (comme si cela a pu exister autrefois !), ou à une quelconque règle occulte, imaginée par des "chercheurs" qui ne veulent pas avouer qu'ils sont ignorants...
Et pourtant, les livres, les hautes écoles, le CNRS, et les universités sont pleins de ces erreurs ridicules...
Pour un linguiste qui sait ouvrir ses oreilles, et son esprit, l'histoire de ce paradigme est limpide:
celtique: *athian > *thiant > *siant > FR: *sente*.

(règles phonétiques opérantes: *atta > sa*, comme dans *Attascotti == Scoti*; alternance des dentales: *ann == ant*)

Le paradigme est aussi très fourni pour la signification "homme", puisque le concept linguistique est le même: "qui fait aller en avant".
Étienne, Aidan, Eitan, Ethan, etc...
Noms que l' on retrouve en Gaule antique: *Atian-is, Attian-us, etc...*

Il est extrêmement important de noter que le paradigme phonétique de TIEN / SENT = route, est très proche du paradigme SAN / SAINT = sanctuaire, ville !!
Voir aussi à **Sangsurière**.
Beaucoup de phonétiques se ressemblent, c'est pourquoi en philologie, et particulièrement en toponymie, il est nécessaire de conserver toujours un esprit ouvert et une vision générale. En dernier recours, c'est le bon sens qui doit trancher...
Il faut regretter que les sciences humaines prennent actuellement exactement le chemin inverse:
ce qui prime c'est l' exact conformité, qui donne l'illusion qu'on reste dans la science et non dans l'interprétation fantaisiste. Mais la matière étudiée est tout sauf une chose morte et fixe: il s'agit des représentations de sons que des milliers de langues ont émis ! ...de quoi être un peu plus modeste et circonspects !

Vers les années 2010, a eu lieu à cet endroit une fouille de l' antique traversée de la Douve, avec la découverte d'une chaussée et de structures viaires en bois, que les archéologues appellent "pont long". Le bois a pu être daté de la période gallo-romaine.

Goury (petit village à l' extrême pointe de la Hague)
Etant donné le site particuier, il est difficile de concevoir une autre origine qu' un mot exprimant l'extrémité.
Je pense que ce paradigme doit convenir, en tenant compte de la friacativité de la vélaire initiale:
FR: *orée,* latin: *ora* = bord, lisière, ancFR: *ore* = NM: bord, bordure, frange, NF: rivage; *orer* = border.

Le Grand Trait

Hameau au nord de St-Jean-des-Champs.
Hodonyme typique, présent dans beaucoup de régions d'Europe (exemple: itininéraire d' Antonin, Wess. 369-2: *Traiecto*).
Le qualificatif "grand" indique l' importance de la voie antique qui reliait le nord et le sud du Cotentin.

Granville

(extrait du volume langue-et-histoire n°181, juillet 2021)
étude n°117-pourquoi *Granville* est probablement l' antique *Grannonum*
Publié par Philippe POTEL-BELNER sur Academia.edu, le 15 septembre 2016.

La philologie est la première des Sciences auxiliaires de l' Histoire. note à la fin de l' article
J' espère que ce bref article suffira à convaincre un grand nombre d' entre vous.

La géographie antique est très difficile à reconstituer et par là même la toponymie actuelle s' en trouve souvent indécise.
Un exemple est constitué par le nom de lieu antique *Grannonum*, situé probablement dans la presqu'île du Cotentin (actuel département de la Manche).

résumé des débats passés

Ce nom de lieu nous est connu seulement par sa mention dans la *Notice des Dignités de l' Empire romain* (fin IVème s).
Dans la partie *Dux tractus Armoricani et Nervicani*, est mentionnée la fonction de *Praefectus militum* **Grannonensium, Grannono**.
Grannonensium signifiant en latin "du pays (pagus) de *Grannon*-" et *Grannono* étant un ablatif- locatif de *Grannonum*.
On peut également mentionner; dans la même partie de la *Noticia*, une mention d' un lieu *Grannona in litore Saxonico*, qui est un autre nom de lieu de la côte appelée au Bas-Empire *litus saxonicus*.
Nous y reviendront plus loin.

La localisation de cette "dignité" est précédée de *praefecti* installés à *Aleto* (St-Malo), *Constantia* (Coutances) *Rotomago* (Rouen) et *Abrincatis* (Avranches), par conséquent énumérés sans "ordre" géographique.
Jusqu' à présent, les historiens ont situé *Grannonum* en plusieurs endroits, même jusqu' à St-Renan (Finistère)(LC-155). Mais deux localisations ont généralement la préférence des historiens: *Granville* et *Port-Bail* dans la Manche.
Granville car son site exceptionnel en a certainement fait une place militaire et maritime de première importance. Les historiens n' ont par contre pas retenu la relative proximité phonétique entre Granville et *Grannonum* (LC-155).
Par contre le peu de traces archéologiques joue en sa défaveur.
Port-Bail car ses importants vestiges antiques démontrent son importance (?) durant l' antiquité tardive. On y a retrouvé, par exemple, un rare baptistère paléochrétien.

l' apport de la philologie historique

Mes nombreuses études linguistiques, historiques, archéologiques et religieuses m' ont conduit aux connaissances suivantes:

1-les noms de lieux anciens ont avant tout une origine religieuse. Ce qui importait aux anciens c'était quel lien possédait le lieu (et par conséquent les hommes qui y vivaient) avec la conception divine de l' Univers.

2-il existe d' innombrables noms de lieux en Gaule (et ailleurs) mentionnant une des appellations du Fils de Dieu *Grann*- que l' on retrouve dans de nombreuses inscriptions gallo-romaines comme épithète d' Apollon. Voir le volume 5 de langue-et-histoire: *dictionnaire des mots de la langue gauloise* (1ère partie), 2012.

3-dans les langues anciennes, il existe un suffixe agentif qui s' écrit de diverses manières: -an / -ant / and / ann / etc... Ce suffixe provient de l' élément védique *an-nda* = qui ne s' arrête pas = qui va OU qui fait.

4- dans les langues anciennes, pour désigner un lieu de culte à un Dieu, il suffisait d' indiquer que c' est là où se trouve tel Dieu. C'est-à-dire que même un locatif seul peut suffire à désigner un lieu de culte.

En sus de cette construction, il existe des dizaines (pour ne pas dire des centaines) de manière d' exprimer le même concept, il s' agit des éléments qui signifient "qui assemble", par exemple "enceinte de tel Dieu" / "territoire de tel Dieu", etc... On connaît le caractère sacré de la délimitation des territoires des temples dans l' Antiquité.

Grannonum

J' analyse le mot *Grannonum* comme:
Grann-on-um

grann- comme nom de Dieu, généralement assimilé à Apollon.

-on- comme une des prononciations / écritures du védique *ava-ana* = littéralement qui va à l'intérieur / qui fait l' assemblage intérieur, voir mes analyses passées de *Havana* (Cuba), all: *haven* = havre, abri; all: *Hafen* = port; etc...
Un petit mot sur ce phonème essentiel de la langue et de la religion védique /*ava* / *gwa* / etc...:
A l' origine, il s' agit probablement d' un seul phonème guttural exprimant l' état d' assemblage intérieur (voir le phonème religieux indien de méditation /*aum*/) qui progressivement s' est différencié en plusieurs phonèmes: *ava* / *gwa* / *â* / *âr* / etc... Le morphème *ava-nn* a donc évolué aussi bien en *avann* qu' en *auann* > *oann* > *onn*. Il existe de multiples exemples de ces évolutions.

-um comme suffixe exprimant un locatif ou un neutre.

Il s 'ensuit que *-on* / *-ona* / *-onia* / *-onum* sont des suffixes antiques signifiant "qui assemble à l' intérieur" > "enceinte" > "temple". Voir de multiples exemples: *Apollonia*, etc...
Donc *Grannonum* = lieu d'un culte à *Grann-*.

Granville

Grandivilla en 1054, (Ermina de) *Granville* en 1175 (FDB-127).

J' analyse ce mot en: *gran-ville* OU *grandi-uilla*, avec bien évidemment un sens tardif de "grande ville"; ce qui n' a pas manqué d' interroger les historiens car *Granville* ne semble pas avoir eu une certaine importance avant la fin du Moyen Age (FDB-127).

gran / grandi

Comme je l' ai dit, les sanctuaires dédiés à *Grann* sont innombrables en Gaule. La série toponymique des *Grand / Granville / Grandville / Grandvelle / Grandvilliers* / etc... est impressionnante.
J' ai aussi mentionné dans mes études passées le NL *Grande-Synthe* (Nord)= temple à *Grann-* .
On peut aussi associer ce nom à *Grandsaigne* (Corrèze) qui est une écriture / prononciation voisine (*saigne == sain == saint*).
L' adjectif français *grand* = large, important, possède la même étymologie que le théonyme : "qui assemble" (le phonème [gr] + les suffixe agentif -*annd*), puisque quelque chose qui "assemble" est obligatoirement "grand".

ville

J' ai déjà par le passé brocardé les philologues / historiens paresseux qui ont décrété que le suffixe "latin" -*uilla* , puisqu' il a désigné à une certaine époque "un domaine appartenant à une personne" à la manière de la période antique du latin, aurait dorénavant systématiquement ce sens.
Or la réalité, et l' Histoire en général, est beaucoup plus complexe et "longue".

latin: *uilla* = maison de campagne, villa. étymologie: *apai-lla* = qui assemble (lla == ra) au loin (apai). Le "*u/v*" latin exprime assez souvent le morphème intensif de mouvement (*apa*, etc... en sanskrit).
vieil irlandais: *bail / baile* = endroit, ville. étymologie: *avai-lla* = qui assemble (lla == ra) à l'intérieur (bai == ava).
Pour l' existence du "i" , voir mes études passées, par exemple NL : *Vaison* < *Varson.
Le mot irlandais *bail* se retrouve en grand nombre dans la toponymie française actuelle.
Le FR: *une ville* possède la même étymologie que le mot irlandais.

A noter que l' étymologie du vieil irlandais *bail* se retrouve en français, avec l' adjectif *vil* = mauvais, puisque *vil* < ava- Ṛ OU ava-ya = qui va (Ṛ / Ya) vers le bas (ava).

Une grande partie des NL comportant l' élément "*ville*" ont la signification de "sanctuaire / enceinte" de tel Dieu, qui ont peut-être pris ensuite la signification de "ville / lieu sous la protection de tel Dieu".
Ainsi nous avons donc *Grandi-villa* signifiant "sanctuaire à *Grann*", comme *Grannonum*.
Le "i" de *Grandi-* est une trace d' un génitif.

Par ailleurs, le site de Granville est typique des sites de sanctuaire à *Grann*.

le Pays Granvillais

Un argument supplémentaire est représenté par l'entité géographique (et culturelle ?) dénommée traditionnellement "*pays granvillais*" (d'ailleurs d'une surface assez exigüe).

Il apparaît clair que cette appellation pourrait provenir directement de l'antique appellation **Grannonensium**, qui, nous l'avons vu plus haut, signifie "pays de Granville " OU avec l'appellation latine administrative gallo-romaine "*pagus* de *Grannon(um)*".

conclusion

Il est bien sûr nécessaire de tempérer l'affirmation "*Granville* est l'antique *Grannonum*", au regard du peu de données objectives, et surtout du très grand nombre de sites de culte à *Grann* sur la côte.

Un autre exemple nous est donné par *Grannona* également dans la *Noticia*. Les historiens lui avaient également donné des localisations variées, même jusqu' à Guérande (Loire-Atlantique (LC-154c)!!! Hypothèse farfelue, puisque la *Noticia* précise bien "*Grannona in litore Saxonico* "; Le *litus saxonicus* sera connu plus tard comme la côte normande puisqu' elle subira plus tard une deuxième immigration, après celle des Saxons, celle de *peuples* (ou *escouades*, c'est selon) venus du nord et de la Scandinavie. **note**

note: il apparaît nécessaire de sortir du "folklore normand " qui fait de la Normandie une terre viking ! Cet épisode de l'Histoire de ma région n'est qu' une infime péripétie de son Histoire. La "Normandie" existait *avant* l'arrivée de certains vikings et elle exista après. Quel fut l'apport de ces Scandinaves. Cela dépend essentiellement de leur nombre. Il est peu probable que leur nombre ait dépassé celui de la population autochtone ...

D' ailleurs, la remarque de la Noticia "*in litore Saxonico*" signifie –t-elle que *Grannonum* n'est pas sur le *litus saxonicus*, dont ne faisait peut-être pas partie la côte occidentale du Cotentin ? Difficile d' y répondre.

Néanmoins, la seule constante sur laquelle nous pouvons nous appuyer, c'est la *persistance des noms de lieux*: les hommes ont toujours rechigner à changer les appellations de leurs lieux ancestraux.

Par conséquent, pour la localisation de *Grannonum* et de *Grannona*, il nous faut rechercher les NL signifiant "lieu de culte à *Grann-*".
Grannona, comme l'ont pensé, D'Anville et Reichard (LC-155) devait être sur la côte correspondant à peu près au Calvados actuel (ils l'ont situé(e) à Port-en-Bessin). Il y a sur cette côte un lieu qui signifie clairement "temple à *Grann-*", il s'agit de Grandcamp-Maisy.
Le CAG 14 ne mentionne qu'un sarcophage du Haut Moyen Age comme vestige archéologique; mais il est nécessaire de rappeler que les lieux côtiers, comme Granville d'ailleurs, sont des lieux qui ont subi de nombreuses altérations dues aux variations du niveau des mers, entre autres.
La série toponymique des *Grandcamp / Grandchamp /* etc..., est comme *Grandville*, innombrable.
Comme Granville elle est composée de *Grann* qui est le théonyme et de *camp* qui signifie "qui assemble" comme d'ailleurs le latin *campus* = territoire et le FR: *camp* = lieu où l'on séjourne.
Parfois l'appellation *Grandchamp* a subi une tentative de transformation par les clercs médiévaux, voir *Grandchamp* (Haute-Marne), *Magnus Campus* en 1202, revenu à un originel *Grant Champ* en 1338 (in Dauzat-Rostaing, page 328).
Dans le cas de *Grandcamp-Maisy*, il est nécessaire aussi de citer une troisième interprétation de *Grandcamp* (1-temple à Grann; 2- grand établissement): 3- grand chemin.
Comme en sanskrit le verbe GAM signifie "aller", l'étymon européen *camm / camu / camp / camb* signifie "chemin" appellation corroborée dans le cas de *Grandcamp* par le passage d'une grande voie antique.
Les homophonies n'étaient pas un problème dans les temps anciens, puisque, dans la mentalité ancienne, la langue humaine est la langue des Dieux, et toute homophonie n'est pas fortuite mais elle est une volonté divine dont il faut tenir compte. Cette croyance n'est pas si ancienne car elle perdura au XVIè siècle, et même encore de nos jours, d'innombrables superstitions ont comme fondement les multiples sens des phonèmes ! ...
(voir mes divers ouvrages ou études sur le sujet)

note: je rappelle brièvement quelles sont ces sciences auxiliaires de l' Histoire:
L' Histoire telle qu' elle a été conçue, et telle qu' elle s' est développée principalement à partir du début du XIXè s, s' appuie sur les textes et inscriptions anciens qui sont parvenus jusqu' à nous.
Il est indispensable de bien expliquer , surtout aux novices en Histoire, que ces textes sont peu objectifs, souvent peu crédibles et qu' ils sont souvent trop peu nombreux et qu' il s' agit souvent de copies de copies, etc...
Néanmoins, une Histoire officielle s' est progressivement imposée, malheureusement sans tenir compte du caractère aléatoire des sources.
Progressivement, d' autres sources de connaissances historiques se sont ajouté à l' étude des textes: l' archéologie en est la représentante la plus connue.
La nouvelle philologie que je pratique, éloignée des mentalités sectaires et des milieux jaloux de leur pouvoir, explore un très vaste champ jusque là inconnu qui est la signification "historique" et étymologique des mots que nous ont laissés nos ancêtres. Cette philologie ne peut que nous conduire à reconstruire une nouvelle Histoire, beaucoup plus circonspecte.
(fin de l' étude n°181)

Helleville (Les Pieux)

Hellevilla (en 1210), *Herlevilla* (en 1280). Beaurepaire cite *Helgevilla* (XIIè s.), qu'il pense correspondre à Helleville, *a contrario* de Adigard des Gautries qui l'identifiait à Herqueville (Beaumont-Hague). Beaurepaire argue qu'e cette identification est impossible pour des raisons phonétiques. Mes récentes études montrent pourtant que phonétiquement *Helgevilla* est très proche de Herqueville...
Le croisement avec le nom de *pagus *Helgenes* incite aussi à l'erreur.
Beaurepaire cite également d'autres formes, parfois attribuées à Helleville, à tort.
 Ensuite, il sacrifie à la mode toponymique bien pratique des noms de personnes qui perdure depuis un siècle... Helgevilla (donc, à mon avis, faussement attribué à Helleville, à la place de Herqueville !!) < NP scandinave Helgi.
Passons sur l'argument qu'il existait, vers le XIIIè s, un noble (?) nommé Petrus Helge de Fayo dans la région.

Qu'un patronyme *Helge* existait conforte à la fois les arguments de mon vol.237 (les descendants des tribus gauloises) et ceux de la partie précédente: "les peuples", qui faisait de *Helgenes* un composé de *Hel-gen* = peuple des Ael-.
La suite n' a pas d'intérêt étant donné qu'il persiste dans sa (possible) erreur: *Hellevilla = Helgevilla*...

Mon hypothèse est claire: *Hellevilla* < ville des Ael-.

Les découvertes archéologiques sont d'importance moyenne dans le secteur: un site à *tegulae*, près de Helleville, trésors monétaires, etc... (CAG50-p76).

Mon hypothèse linguistique est que Helleville est la station de la route antique de la pointe du Cotentin à Rennes, appelée *Coriallo* (voir la table de Peutinger) **(F3)**.
Mes arguments reposent sur les distances entre les villes, et surtout sur la signification de Helleville et de Coriallo.
Les deux signifient "ce qui assemble à l'intérieur les Ael-".
Helle-baile = ville des Ael-. Pour la millième fois, je répèterai que le FR: *ville*, ne provient absolument pas du latin: *uilla*, qui désigne "une résidence secondaire", qui dépend donc d'un centre.
gaél: *baile* = ville. RENAUD mentionne que le scandinave: *ból / boeli* signifie "habitation" (page 86).

Coriallo = ker-Aelo < bret: *ker* = ville.

Lestre (Montebourg)
Commune constituée en 1812 par la fusion d'Anglesqueville-Lestre, Hautmoitiers et Tourville.
Laxtra (en 738), *de hogis de Lestra* (XIIè s.).
Beaurepaire utilise un argument erroné pour faire provenir *Laxtra* d' un archétype prélatin *Lasara* qui serait un hydronyme !
L'argument erroné de Beaurepaire est: regardez ! le latin *nascere* a donné le FR: *naître* !
C'est risible étant donné que les deux mots n'ont pas la même origine: le suffixe –*cere* signifie "faire" (voire le suffixe sanskrit -*kara* et bien d'autres exemples ailleurs) et le suffixe -*tre* signifie "réaliser " (le suffixe existe aussi en

sanskrit et ailleurs)... mais tout le monde est tellement convaincu que le latin a donné le français...
Ceci dit, il est exact qu' un *Lasara* ait pu donné un*Lastara... ceux qui me lisent depuis longtemps le savent.
Néanmoins, on se demande ce que vient faire un hydronyme à cet endroit.

Mon hypothèse est que Laxtra vient de la racine /leac/ comme dans le v.angl: *leac* = closed, locked.
gall: *llechu* = abriter; all: *lager* = camp, entrepôt; *lagern* = conserver, installer, camper.
En France, la racine a donné "*loger*", mais aussi le NL: *Loches* Indre-er-Loire)(*Lucca* au VIè s) ET Loché-sur-Indrois (Indre-et-Loire)(*Locheium* au XIIè s.).
Dans le cas de *Laxtra*, il faut supposer un mot *lac-tara* = qui réalise l' abri; qui, avec le chuintement du Haut Moyen Age, a été prononcé *lachtra, pour revenir a une prononciation plus moderne *lastra.

NR: le **Lude** (petit fleuve se jetant dans la baie à Carolles)
Voir à **St-Lô**.

Portbail (Barneville-Carteret)

Portus Ballii (VIIIè s), *Port Bahil* (XIè s), *Portbail* (XIIè s).
Beaurepaire découvre une racine qui saute pourtant "à l' oreille" !
BAIL / VIL = ville; mais, pour lui, il s'agit d'un mot d'origine latine: "du latin "tardif" "*ballium* = cour, dont le dérivé *balliolum* explique les nombreux noms de lieu du type *Bailleul*.
J' ai, depuis longtemps, dans mes ouvrages, identifié cette racine < gaél: *baile* = ville, village, habitation.
De plus, ni là, ni plus loin, il n'explique le passage de *balli-* à *bailleul*.
Reportez-vous à langue-et-histoire, volume 115: *les noms de lieux du département de la Manche* (juillet 2016, non-publié).
Beaurepaire n'explique pas non plus l' élément "port", pensant sans doute qu'il n' est nul besoin de le faire...

Et pourtant, si je suis d'accord avec lui pour *bail* = ville, habitation; que penser de son raccourci sous-entendu: Portbail = habitation du port.
Le village d'un port s'est toujours appelé "un port" tout simplement. Les marins habitent dans le port.
Par contre, Portbail se situe sur la grande voie côtière, et, à cet endroit, celle-ci doit franchir les écoulements qui ont créé le havre de Portbail.
Comme les langues celtiques expriment l'action de "traverser", d' "aller au-delà", par la racine FORD, on peut sans beaucoup de doutes dire que *Portbail* signifie "la Ville du Passage".
gall: *ffordd* = voie, route; v.angl: *ford* = gué.
Cantonner les langues celtiques au nord-ouest de la France est d'ailleurs ridicule, puisque le mot "*port*" est largement utilisé ailleurs pour exprimer le concept de *col* = voie qui fait passer au-delà, voir mon vol.186: *manuel de toponymie française 1: les noms de cols*.

Portbail a dû revêtir une certaine importance durant l'Antiquité et le Haut Moyen Age, puisqu'on y a trouvé des vestiges gallo-romains, et, surtout, des débuts du christianisme (un baptistère du VI è s).

Regnéville (Montmartin-sur-mer)

Reniervilla (XIIIè s), *Regnerii villa, Renirville* (XIVè).
Evidemment pas "la ville de Ragenharius (NP germanique)"...
Regnéville se situe à l'embouchure de la Sienne et fut un petit port, au moins à l'époque de l'Ancien Régime.

La situation de Regnéville est typique de maints toponymes similaires, appartenant au paradigme gaulois *Aregenua*.
Reportez-vous à mes nombreuses études sur ce mot (par exemple, vol.237, pages 26 à 44).
Sa situation sur la route partant de *Cosedia* et allant vers le sud, met en avant le sens le plus important déterminé jusqu'à présent: le pont < gotique / gaulois: *rinno / aregenu* = pont.

Reigneville-Bocage (St-Sauveur-le-Vicomte)

Runevilla en 1102, *Rinieville, Reneville* (XVè s).

Voir ci-dessus.

Saint-Denis-le-Gast (Gavray)
Sancti Dyonisii le Gast (XIIIè s).
Avec évidence: **le sanctuaire à Dyonisos de la voie**.
Preuve évidente de l' appropriation des anciennes religions par le Christianisme.
ale gast (= au gast) signifie "du chemin", voir à St-Martin-le-Bouillant.

Saint-Lô (chef-lieu du département de la Manche)
Peut-être: *to sant laudan* en 890, dans un texte anglo-saxon ? (cité par Beaurepaire); *ad sanctum Loth* (en 899), *sancti Laudi* (XIè s), *de castello sancti Laudi* (XIIè s).
Beaurepaire pense que St-Lô est l' antique *Briouera*, dont les traces sont:
ex ciuitate Briouere (en 511), *ecclesia Constantinae uel Briouerensis* (en 549).

Tout d'abord, *Briouera antique n'existe pas réellement en tant que ville. Les deux occurrences qui sont relevées dans les textes des deux conciles de 511 et 549, font référence à une région administrative, une *ciuitas*: *Briouere* ET *Briouerensis*.
Comme d'autre part, il ne fait guère de doute que *Crociatonum* soit l' ancien nom de St-Lô, *Briouera* n'est probablement pas St-Lô, mais *Vire* (Calvados). Jusqu' à présent l' appellation de Vire la plus ancienne était *Vira* (en 1082, *in* Dauzat).
Mon hypothèse est que *Briouerens* était un ancien pagus des *Abri*, peuple gaulois sans doute proche des *Abrincates*.
L' élément –*uera* est un élément utilisé pour exprimer le concept de "pays", de "peuple" ET de "ville" (en étymologie védique *uera* signifie "qui assemble à l'intérieur").

Il existe une coïncidence, car c'est ainsi que nous, hommes du XXIème siècle, avons l' habitude de l' appeler, mais, pour les anciens, il s'agit d'un dessein divin, composant l' ordre de l' Univers.
Cette coïncidence fait que bri-o-Uera signifiait aussi, en langue gauloise "pont sur la Vire", et même "pont au-delà de l'eau", puisque *uera* est un étymon de l'eau (skr: *vâr* = eau, etc...).

Lorsqu' on regarde la carte de la région de St-Lô, ce qui saute aux yeux, c'est la situation de l' agglomération St-Lô /Agneaux, typique des établissements au moins néolithiques, dans une large boucle de la Vire, très sinueuse. Cette position permettait d' établir un refuge qu'il suffisait de fortifier sur un petit côté, et qui, d'autre part, était abondamment approvisionné par la rivière.

Le centre historique de St-Lô se situe évidemment aux alentours des deux ponts principaux, sachant que la commune de St-Lô déborde sur la rive gauche de la Vire, vers Agneaux.
Le CAG50 rapporte que "près de la gare, lors de la construction de la ligne de chemin de fer, vers 1859, on a relevé les traces de nombreux murs."
La gare et le chemin de fer se situent sur la rive gauche.

Il faut rapprocher l' antique *Crociatonum* de la racine qui semble plutôt nordique CROC- = courbe, virage.
v.norrois: *krokr* = courbe, virage.
angl: *crook* = courbe, virage; gallois: *crwca* = courbé; ancFR: croc /croche = croc / crochet.
L' autre élément est clairement la fréquente appellation *ton / dun /* etc... pour "ville".
> la ville de la courbe.

L' orthographe *Crouciaconnum* de la table de Peutinger semble être une erreur de copie, mais il pourrait être nécessaire d' étudier d'un peu plus près l' élément /aconn/...

Certains ont situé *Crociatonum* à Carentan en raison de la borne milliaire retrouvée à Ste-Mère-Eglise, censée mesurer 9 milles romains jusqu' à *Crociatonum*, ce qui pourrait correspondre à Carentan, très approximativement.
Je n' ai pas étudié cette inscription *in situ*, mais rien que le relevé n'est pas concluant: ...IMP ... CO S ...A CROUC M P IX (dans le CAG 50).
Tant que je ne l' ai pas étudiée, je ne peux émettre aucune conclusion.
Par contre, la conclusion *Crociatonum* = la Ville de la Courbe = Saint-Lô, est, à mon avis, bien établie.

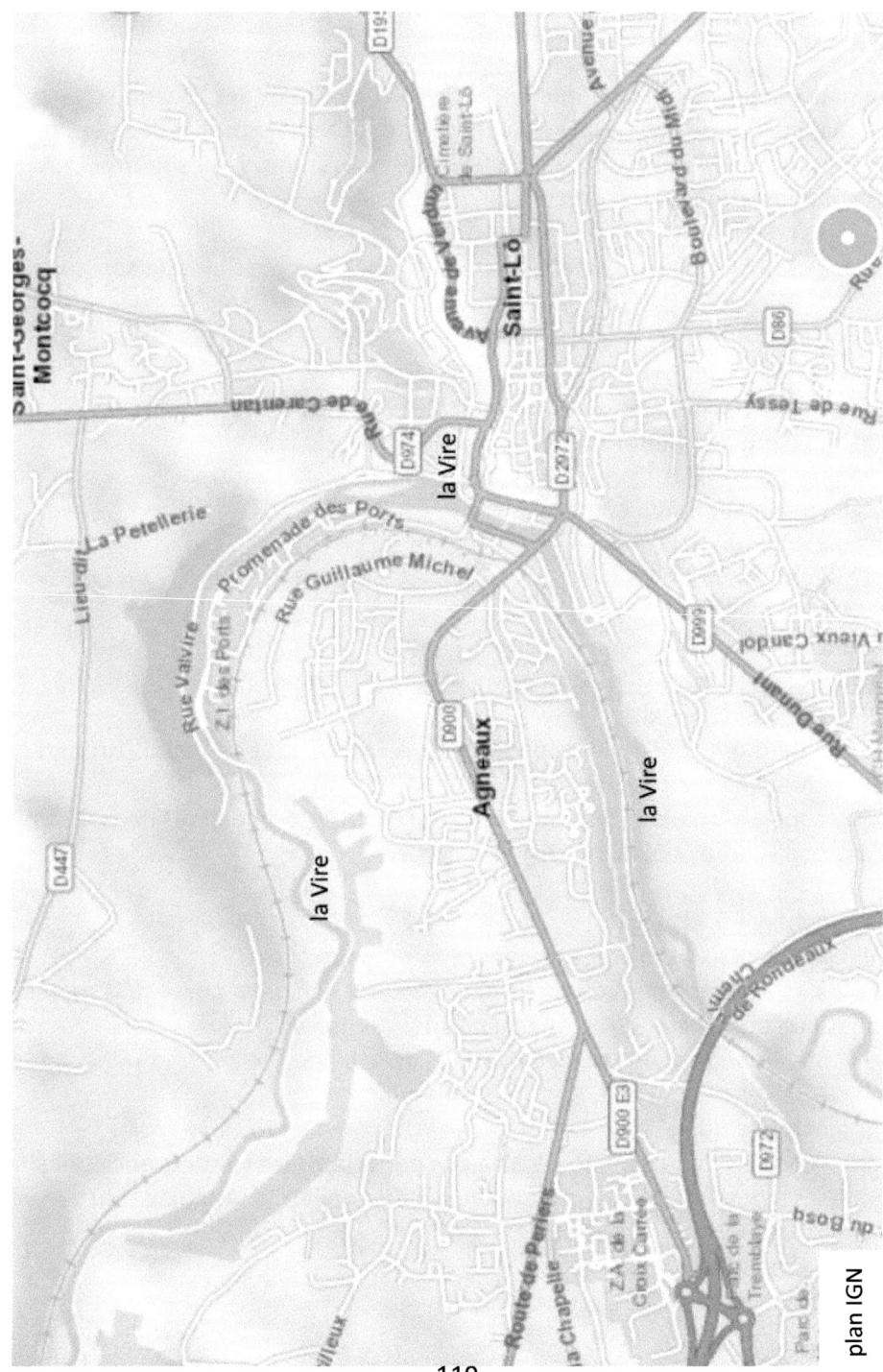

plan IGN

Quant aux appellations *sant laudan* > *Saint-Lô*, du soi-disant "évêque du pays de Constantia et de Briouera" , il faut, comme toutes les sources rédigées par le clergé chrétien, les considérer comme des opérations de désinformation et de manipulation (voir mon vol.232, p16, p144).

A mon avis, il faut plutôt chercher parmi les trois sens possibles de *sanctus laudi*:

1- ville de la rivière:
sanctus == ancC: *san* = refuge, demeure.
laudi < racine signifiant "rivière".
Le paradigme élargi est celui de **AL** = eau.
v.angl: *ele* = huile < qui coule.
angl: *ale* = bière.
ancC: *allas* = sueur
NR: *Ala* > l' *Elle* (Manche)
skr: *jala* = eau.
Le concept de "rivière" ("qui fait avancer l' eau"):
angl-saxon: *ealad* = watery way.
Innombrables noms de rivières dans toute la France: le *Lez* (*Ledd)(Drôme), le *Lude* (Manche), le *Lot*, etc...
langue appelée "roman / bas latin": a*lestrare* (glosé: *humectare*) dans le Glossaire d'Isidore (cité LEIA-A33) < alestr-are.

2- le sanctuaire à *Alauna*
sanctus == ancC: *san* = refuge, demeure, sanctuaire.
*Alauda == *Alauna* = nom d'une divinité gauloise < *Alauna* possède la même phonétique que *Alaunda < alternance des dentales.
La divinité *Alauna* est une des déifications de la lune.

3- le sanctuaire du passage
Toujours en raison du caractère sacré des ponts dans les cultures anciennes, il existe une possibilité pour que *sanctus laudi* signifie "le sanctuaire du pont".
sanctus = sanctuaire.
laud- = passage, pont.

v.norrois: *lund (==*lud)* = voie (qui va au-delà).
v.angl: *alaedan* = conduire au-delà.

Saint-Martin-le-Bouillant (Saint-Pois)

Sancti Martini de Guasto (XIIè s), *ecclesia beati Martini de Gasto que alio nomine le Boillant* (sans date), *Sancti Martini le Bollant* (XIIIè s).

guasto
A rapprocher de *Saint-Denis-le-Gast* (Manche) et de *Le Gast* (Calvados). Jusqu' à présent les toponymistes avaient commis une grossière erreur: *le gast* en ancien français signifie "le terrain inculte et inhabité / la lande". Convenons qu'il s'agit d'un drôle de nom de lieu pour un lieu d'habitation ! En réalité "le Gast" signifie "le chemin".
La racine se retrouve dans le gallois: *asethu* = joindre, qui, quand il ne subit pas la mutation adoucissante, se prononce *gasethu*.
v.norrois: *gata* = chemin, passage.
Sancti Martini de Guasto signifie donc "Saint-Martin-du-Chemin".

Ensuite, mes recherches, à la fois sur le lieu de la victoire de Sabinus sur les gaulois du nord-ouest, racontée dans la Guerre des Gaules, et à la fois sur la localisation du *Fanum Marti* de l' itinéraire d' Antonin m'ont permis de situer "le Grand Temple de Mars" à St-Martin-le-Bouillant.
En toponymie, Saint-Martin signifie "le temple de Mars", avec *saint* == ancC: *san* = retraite, tanière; et *Martin* < Mars + la flexion germanique (gotique) –*ins / -in* marquant le génitif /datif / ablatif.
Dans mes études, j' ai depuis longtemps rapproché les mythes concernant *saint Martin* (de Tours) à ceux qui concernent le dieu *Mars* (entre autres: le partage du manteau).
 Le problème des historiens, c'est qu'ils ont si peu de documents écrits qu' ils ont tendance à se reposer entièrement sur une véracité supposée des textes du clergé...qui sont souvent, par définition, des mythes...

J' ai également fait le lien entre "la victoire de Sabinus" et "le temple de Mars" que les Romains n'ont pas manqué d'élever afin de célébrer celle-ci.

Voir en fin de volume: **la victoire de Sabinus.**

La localisation de *Fanum Marti* correspond à la localisation de l' Itinéraire d'Antonin (voir à cette partie).
St-Martin-le-Bouillant se situe à peu près à la bifurcation de la voie provenant de Rennes:
-une des deux voies mène aux grandes villes du Cotentin en passant par Villedieu.
-l' autre voie continue vers Caen.

le Bouillant (BOUILL-)
Il existe une racine des langues mondiales signifiant "le temple":
BAI / BAIL.
Il s'agit de la même racine que le gaélique: *baile* = ville, habitation.
Au Cambodge, le *Bayon* est le temple au centre de l' enceinte d' Angkor.
La racine peut se prononcer: **BUAI / BOUIL** / etc...
Bouillon (Manche, près de St-Pair): l' église de Bouillon est probablement le successeur d'un ancien sanctuaire.
La Bouillie (Côtes-d'Armor), *La Bouille* (Seine-Maritime, près d'un passage sur la seine), etc...
Je pense que la racine s'est spécialisée en raison de la proximité phonétique avec la racine UOU, qui est la racine du voeu et de la prière.
ancFR: *voer* = rendre hommage à; latin: *uoueo* = promettre solennellement à une divinité, angl: *to take a vow* = faire voeu de (en religion), etc...
La racine est plutôt prononcée BOU ou BOUI dans les langues celtiques et nordiques:
gaél: *boid* = a vow; *boidich* = to vow.
v.angl: *behât* = a vow; *beotian* = to vow.

Le FR: *abbaye* (ancFR: *abbeie*) fait partie du même paradigme, avec l'influence du terme chrétien *abba* = père, prêtre.
Le latin: *abbatia* est identique, à part le changement de suffixe agentif. *abbatia* a aussi été prononcé, en ancFR: *abadie* (alternance des dentales !).

Dans d'autres régions que la Gaule du nord-ouest, il semble que les formes suivantes aient été utilisées:
VOUI dans NL: *Vouillé* (Deux-Sèvres, Vienne, etc...)

POUI dans NL: *Pouilly* (Côte-d'Or, etc...), etc...

Le cas de *Vouillé* (Vienne) est intéressant, puisqu' on aurait une forme ancienne de Vouillé > *Uocladum* (VIè s).
Les celtologues ont choisi d'utiliser la racine celtique CLAD = fossé (gall: *clawdd* = fossé).
Comme les celtologues ont interprété l' élément gaulois *uo-* comme signifiant "sous" OU "double" (XD1-117, 323), Delamarre traduit, de manière ridicule, comme d'habitude, *Uocladum* par "Double Fossé" OU "Sous-Tranchée".
Je dis "de manière ridicule" car un lieu d'habitation qui s' appellerait ainsi n'existe pas...
Il faudrait du bon sens, de la réflexion et un esprit ouvert...
Je commencerai par l' élément *uo-* qui signifie majoritairement dans les langues gauloises "grand, haut" (voir, par exemple, dans le présent volume, la racine AU / HAU).
Un des principaux problèmes des celtologues est qu' ils ont voulu ramener l' extrême complexité des langues à une langue simple qu' ils ont appelé "le vieux celtique", avec en toile de fond, les théories ethnogéniques fumeuses d'un seul peuple celte, comme il y aurait eu un seul peuple indo-européen...
La réalité est beaucoup plus complexe...

L' élément /uo/ dans les langues anciennes, et même si l'on se cantonne aux langues dites "celtiques", possède des dizaines de sens... y compris, probablement (mais rarement) les sens qu'ils ont trouvés à *uo-* > "sous" ET "double"...

Ensuite, la racine CLAD = fossé.
Dans les langues dites "celtiques", il existe beaucoup d'autres sens à cette racine. Parmi ceux-ci, un sens nous interpelle:
gaél: *cladh* = a churchyard = le terrain autour de l' église = l'enceinte sacrée.
gall: *clyd* = protégé; *clydwr* = refuge, abri.
gaél: *clos* = repos; *clud* = a patch (une pièce).
Le sens est "qui assemble à l'intérieur".
Il s'agit de la même racine que lat: *claudo* = clore, rendre inaccessible.
ancFR: *clos* (XIIè s) = enclos; FR: *cloître*; angl: *cloister* = couvent, etc...
Je pense que cette racine a été spécialisée dans le sens "enclos sacré" en raison de la proximité phonétique avec une racine CLAUD / LAUD = louanges, prière.

gall: *clod* = louanges, prière; *clodfori* = louer (Dieu).
m.gall: *clas* = couvent, cloître.
gaél: *clachan* = le lieu de l'église.
Le paradigme a influencé aussi le FR: *clocher* = tour de l' église; , les *cloches* (qui sonnent à l'église).
Il s' agit du même paradigme que les toponymes *Cluny*, etc...

Comme d'autre part, Vouillé (Vienne) est célèbre pour la bataille qui vit la victoire des Francs de Clovis sur les Wisigoths en 507, le sens de "sanctuaire" est évident, puisque Clovis n'a évidemment pas manqué de remercier Dieu pour son aide en lui offrant un sanctuaire.

ANT = grand
En gaulois, il y a une particule intensifiante, traduisible par "très": *and-* (vol.148).
AncFR: *ente / a ente* = avec ardeur, en abondance.
jaiant = géant, très grand.

De ces démonstrations, on peut donc conclure:
-*uo cladum* = le Grand Sanctuaire
-**Vouillé** = le Sanctuaire.
-**Bouillant** = le Grand Temple < bouill = temple + ant = grand.

Un autre exemple se situe dans le Vaucluse, au milieu des dentelles de Montmirail: l' abbaye de femmes de **Prébayon**, créée au VIIè s., et dont il reste quelques vestiges.
pré-bayon se comprend comme "grand (pré) sanctuaire (bayon)", dans le sens "sanctuaire principal".
pré- = préfixe du sanskrit, du latin, du français, etc...
Certains toponymistes enfantins ont conclus, d'après un de ses noms anciens *pratum ualicum*, que sa signification était "le pré du vallon".
Ces toponymistes pusillanimes font beaucoup de mal à la Science...

la Sangsurière

Nom de deux hameaux situés sur la route St-Sauveur-le-Vicomte / La-Haye-du-Puits, lorsqu'elle traverse le *marais de la Sangsurière*.

Comme tout le monde, j' avais, au premier abord, associé le FR: *sangsue*, avec le nom du marais...
Mais en y revenant de plus près, c'est-à-dire lors de l' étude du tracé de la voie Alauna- Cosedia de l' Itinéraire, j' ai rapproché la phonétique /*sangsurière* / avec le gallois: *asethu* = joindre ET *sang* = marche, pas (manière d' aller). D' autre part, la phonétique est très proche du FR: *ascenseur*, et quand on sait que, dans la pensée ancienne, il n' y a que deux directions:
- vers le bas / en arrière / vers le centre / proche
OU
- vers l' avant / vers le haut / vers le lointain
... SANSUR doit pouvoir signifier "ce qui fait aller vers le lointain" = un chemin.
On peut sans doute mettre le /g/ sur le compte de la nasalisation du "n".
Si l'on considère que le mot est plutôt "celte", on peut peut-être le dater d' avant les apports nordiques, c'est-à-dire du début de la période gallo-romaine. Ce qui correspond à l' époque de l' existence de cette grande voie entre *Alauna* (Valognes) et *Cosedia* (vers Blainville-sur-mer).
La fin (-*ière*) est traditionnellement un suffixe locatif.
Dans le paradigme de SANSUR = chemin:
gall: *sathr* (== *santhur) = angl: trampling (action de faire des pas, piétinement < angl: *to tramp* = marcher, se promener).
saeth = flèche < qui va au loin.
ancFR: *sentier* (== *santiur) = sentier.

Valognes (chef-lieu de canton du nord de la Manche)
Valongias, Valungia, in Valoniis (XIè s), *Valuignes, Valoignes* (XIIè s).

Beaurepaire tente de relier Valognes à un NL non-situé *Manuine* (aux alentours de l' an 1000).
Peu de probabilités pour que *Manuine* ait donné *Valuine*...
L' étymologie de Valognes est évidemment *Alauna*. Voir à **Alleaume** l' analyse d' *Alauna*.

Les différentes orthographes et prononciations de Valognes, donc d' *Alauna*, sont intéressantes:
Valongias est représentatif à la fois de la nasalisation du /n/, typique de certains peuples de GB (*Valongias* < *alaungi-as*) , et, à la fois, du chuintement,

surtout français (*Valongias* < *alaun-jias), sans parler de la labiale expirée initiale "*a / ua*".
Le "s" final est probablement un suffixe locatif.

la Vanlée ou Venlée (havre situé au nord de Granville; le nom est aussi donné à un des principaux écoulements (ruisseaux) qui aboutissent au havre)
Venlée (au XVIIIè s).

Extrait du volume langue-et-histoire 232: *le très ancien français* **(éd.BoD, 2023):**
NL: la **Vanlée** (Manche)
ancC: *fanlig** = creux (pas très profond) > Codex Regina et codex de Berne: *fanlige* (au pluriel ?), où il glose le latin: *ualliculas*.
Le lieu, sur la côte au nord de Granville, désigne un renfoncement de la côte, irrigué par un petit ruisseau, qui forme un sol plus bas que les dunes, et qui est, par conséquent, envahi régulièrement par la mer. Il ne correspond pas au mot français *vallée*, qui désignerait un relief plus accentué.
Même en prenant en compte un probable ensablement, phénomène fréquent sur cette côte perpendiculaire aux flots. L' environnement est plat.
Dans le même paradigme:
FR: *vallée*; latin: *uallis*.
(fin de l' extrait)

Beaurepaire va jusqu' à mettre en parallèle les noms mythologiques: Ulysse ET Odysseus pour justifier une équivalence Venlée / Vendée !!!
Ce genre d'errements discrédite malheureusement la philologie...
Pour être complet et juste, Beaurepaire compare les deux cours d'eau, puisque la soi-disant "Venlée" et la Vendée seraient deux cours d'eau qui se ressemblent puisqu' ils participent à un écoulement marécageux.
Je dit "soi-disant Venlée", car il semble évident que l' objet que représente l' appellation *Venlée* est le havre, et très secondairement un des petit ruisseaux locaux.
Beaurepaire justifie également "l' alternance des lettres /d/ et /l/ " par l' étymologie de *pays du Valois* qui serait un ancien *Uadensis pagus* ET d'une cmmune de Seine-Maritime *Cideville*, anciennement *Sileville*.
Je n' ai pas travaillé sur ces deux occurrences, aussi je ne peux me prononcer.

Par le passsé, j'ai longuement travaillé sur cette alternance d / l, qui existe, c'est certain. J'ai publié de nombreuses études où j'explique que le redoublement de dentale /dd / tt/ a donné, dans certaines cultures, un phonème dl / tl > l. Un des exemples les plus évidents est celui du gaulois *Mediolanum* qui a évolué en *Milan* (Italie) OU *Melun* (Seine-et-Marne), par l'intermédiaire d'une forme *Medlon, parallèlemement aux mots signifiant "milieu"; *middle* en anglais, etc...

Mais ici, cet argument tombe à plat, tant l'étymologie celte est évidente.
A la décharge de Beaurepaire, ses références étaient indigentes, et les références actuelles des toponymistes le sont encore...
J'ai dû les constituer moi-même puisqu'elles n'existaient pas, mais ce travail harassant n'est qu'une infime partie de l'immense travail qui reste à faire; et il ne faut pas compter sur les académiques de tous bords qui ronronnent à leur poste administratif.
Je rappellerai l'urgence d'un véritable travail sur l'ancien celtique des manuscrits du Haut Moyen Age, jusqu'à présent la chasse gardée de mauvais linguistes, malheureusement bien établis aux postes de pouvoir.

En complément à la réfutation de l'hypothèse de Beaurepaire, il est nécessaire d'ajouter que celle-ci n'est pas documentée pour d'autres cas:
Venlée ne semble pas avoir d'autres utilisations hydronymiques.
D'autre part, dans le volume langue-et-histoire 151: *les noms des rivières de France* (2018, inédit), j'ai mis en évidence l'étymologie du NR: *Vendée*, et cette étymologie ne peut s'appliquer au nom: *Vanlée*.
Vendée < und-ei = qui assemble (und) l'eau (ei).
und- voir l'ancC: *onuar** (volume langue-et-histoire 192: *dictionnaire du celtique ancien des manuscrits continentaux du Haut Moyen Age*, entrée *onut*)
ET ancFR: *onier* = unir; *aüner* = réunir.
-ei voir dans ce présent volume, NR: l'*Ay*.

Vezins (Isigny-le-Buat)
(commune rattachée ne 1973 à Isigny-le-Buat)
Vezins en 1082.
Sa position sur la voie Condate – Aregenua met en évidence un étymon jusqu'à présent inconnu tel quel: **UASIN** = pont, passage.

En réalité, pour qui connaît la phonologie ancienne, cet étymon n' a rien d'inconnu étant donné que l' étymon ("bien connu") **UAD** possède la même phonétique.
latin: *uadum* = gué, passage; *uado* = marcher, traverser.
Il faut bien se rendre compte que toutes les dentales sont alternatives, et le principal phonème /s/ est à l'origine une dentale (ts < dd).
*Uesin < *Uedsin < *Ueddin OU *Ueðin
Je n'expliquerai pas cet étymon par l' étymologie védique, puisqu'il ne sert à rien de secouer la médiocrité ambiante...

Rien que le fait qu'on y construisit un barrage doit interpeller les toponymistes: les sites de ponts et de barrages sont souvent identiques: là où les rives de la rivière se resserrent.
L' étymon est évidement fréquent en France: Le Vésinet, Feyzin, etc...
Un des exemples les plus intéressants est probablement Vaison-la-Romaine (Vaucluse), puisqu'on connait son nom antique: *Uasio*.
Le pont romain de Vaison est célèbre.

Les toponymistes y ont tous été de leur hypothèse:
Pour Dauzat, il s'agit d'un "pré-celtique" *vas* = source; hypothèse presque confirmée par Delamarre, puisque celui-ci range *Uasio* dans son entrée *uas-sos* = serviteur (XD1-306: "*Uasio* = qui se trouve en-dessous ?").
La phonétique se trouve confirmée par le nom de *Uasio* en français: *Vaison*, et en provençal: *Veisoun*.
Il est à noter que les suffixes *-in / -un / -on / -an* sont alternatifs...
(je relèverai, comme d'habitude, le détestable vocabulaire de Dauzat: "pré-celtique" au lieu d'un plus honnête et scientifique aveu: "d'une langue indéterminée". Le détail est beaucoup plus important qu' on ne croit: ce genre d' approximation a constitué l' assise de toute la pensée linguistique depuis bientôt un siècle...)

En ce qui concerne *Vezins*, Beaurepaire a été induit en erreur par un NL: *Vézins* (Sarthe) qui se serait appelé *Vicinus* au Xè s. Je n' ai pas étudié ce toponyme, par conséquent je ne peux le confirmer.
Il donne donc comme étymologie le latin: *uicus* = village.
Dauzat l' avait aussi rangé dans le paradigme du "latin: uicinium = village" (DENLF-711).

Billy est un peu plus intéressant à lire (p 549):
Pour *Uasio*, il rattache le nom à un théonyme: *Uasio*, qui apparaît dans plusieurs inscriptions à Vaison et dans la région proche. Il l'explique malheureusement par une racine "indo-européenne *UES = mouillé, humide".
Pourtant le cas n'est pas isolé: les sites de passages sont, à l'évidence, associés à la divinité, dont Jésus héritera, qui fait franchir aux morts le Styx, la rivière des Enfers.
Les exemples dans toute l' Europe sont innombrables.

Un autre cas est quasiment identique: celui de *Besançon* (Doubs).
Uesontio (Ier siècle).
Il s'agit du même mot que *Uasio* == *Uasion.
on == onn == ont
Billy rapporte l' existence dune inscription religieuse *Mar Ueso...* qui pourrait être complétée ainsi: *Martis Uesonti* où *Uesonti* pourrait être une épithète locale de Mars.
Si Billy évoque encore la racine "indo-européenne *UEIS = s'écouler, je pencherais plutôt pour une traduction de "Mars le Passeur / Celui qui fait traverser"; soit une autre manière d' exprimer "Mars le Sauveur".

La forme apparue au XIIIè s: *Besançon* (Billy-118), plutôt qu'un prononciation de *Uesention, pourrait être *uesen-dun OU * Uesen-ton = la Ville du Pont.

Villedieu-les-Poëles (chef-lieu de canton)
"Les Poëles" provient des artisans dinandiers, spécialité de Villedieu (BRP: ajouté vers 1874).
En 1253: *Villa Dei*. Le nom proviendrait de la commanderie des Templiers qui s'y trouvait.

Mais il est nécessaire de remonter encore plus dans le temps, c'est-à-dire 1000 ans plus tôt que le XIIIè s.
A Villedieu, passait la route Cosedia-Condate (voir la partie "Table de Peutinger"). Elle y franchissait la Sienne par un pont, nommé dans une des langues de la région: *lege* = ce qui fait assembler au loin / au-delà.
Voir la racine celto-latine: LEG > latin: *ligo* = unir, lier; islandais: *hlek-kr* = relier.

Comme une racine celtique DI / TI signifie "maison" > *lege-dia* = la ville du pont.
En ancien français, *Legedia* était homophone de *loige dia* = habitation de Dieu. Ce qui a donné le vocable *Villa Dei*.
ancFR: *loige* = abri; ancC: *dia* = dieu (voir vol.232); ancFR: *dé* = dieu.

NR: la **Vire** (fleuve qui prend sa source dans le Calvados et se jette dans la baie des Veys, en passant par Vire et par St-Lô)
Viria < super Viriam fluvium (XIè s).
Moreau donne le VIè s, mais le nom du fleuve semble être seulement tiré du NL: *Briouera*.

Il s'agit d'un des étymons de l'eau, bien représenté partout (skr: *vâr* = eau, etc...).

la victoire de Sabinus

La géographie ancienne est souvent comparable à un puzzle qui ne peut se reconstituer qu' avec la découverte de quelque nouvelle pièce.
Il faut tenter cette reconstitution à partir de ce qui est encore visible et à partir des rares traces écrites qui ont perduré (les traces orales ne peuvent qu' être des légendes, parfois difficiles à décoder).
Les chercheurs anciens (jusqu' au milieu du XXè s), ont, tour à tour, tenté cette reconstitution, le plus souvent à tâtons, avec le peu de renseignements qu'ils possédaient: traces archéologiques ou linguistiques.
La première moitié du XXè s. se caractérise par la disparition des véritables chercheurs qui ont fait l'effervescence et les progrès du XIXè s., petit à petit remplacés par des professionnels qui ont été payés pour répéter, généralement, ce que d'autres ont trouvé avant eux.

J'ai donc remis à plat tous ces renseignements et ces hypothèses, en ajoutant une connaissance que personne ne possédait jusqu'à présent: une connaissance étendue des langues anciennes parlées en Europe occidentale, et particulièrement dans l' ancienne Gaule.
L'identification des villes antiques dépend principalement de deux paramètres:
1- la linguistique: leur nom et l' évolution de leur nom.
2- les distances entre elles, que mentionne la table de Peutinger et l'Itinéraire d'Antonin.

Parmi les pièces maîtresses de ce grand puzzle figure en bonne place la victoire de Sabinus racontée dans la Guerre des Gaules de César.
Les deux clés furent mon hypothèse de la situation de Cosedia, croisée avec la connaissance d'un mot gaulois signifiant "temple".
Il restait à vérifier sur le terrain.

Vérification sur le terrain: la victoire de Sabinus.
(Guerre des Gaules III-17, 18, 19)

Lors de la guerre qui oppose César aux tribus gauloises du nord-ouest de la Gaule, un de ses lieutenants, Sabin-us, doit aller soumettre une coalition des

Unelles (=les Aeles) alliés, entre autres, aux Curiosolites (III-11), aux Aulerques Eburouices et aux Lexoviens. Le chef des armées gauloises est *Uiridouix* (= Guirido).

César nous dit "*Sabinus était campé sur un terrain à tous égards favorable et il s'y tenait enfermé; Uiridouix, posté en face de lui à une distance de deux milles...*" (Uiridouix est parfois lu comme Uiridorix !, voir la traduction de Maurice Rat)
César nous dit aussi : "*le camp* (romain) *était sur une hauteur où l'on accédait par une douce montée d'environ mille pas...*"
Le stratagème de Sabinus consiste à tendre un piège aux Gaulois, en les poussent à attaquer leur position, probablement par la douce montée dont César a parlé. Mais l'attaque gauloise se transforme en déroute totale.

Depuis des siècles, des chercheurs ont émis diverses hypothèses, guidés par:
1- le toponyme, puisque les Romains ont probablement fait bâtir à l'emplacement de la bataille un temple au dieu Mars, ce qui en latin donne le toponyme *Fanum Martis*.
2- la description des positions romaines et gauloises.

Je passerai sur des opinions non-étayés, ou fruits d'étymologies fantaisistes, qui ont situé la bataille aux quatre coins de la Manche !
Les plus admises étant:
1- celle de Girard et de Napoléon III la situant devant le Camp du Châtelier près du Petit-Celland, à l'est d'Avranches, mais sans justification toponymique...(hypothèse acceptée par Levalet- p 29)
2- celle de M. Jullian la situant près de Vire.

Mis à part la situation de *Fanum Martis*, d'après la table de Peutinger et l'Itinéraire d'Antonin, et mis à part de la toponymie, étudiées à *Fanum Martis*, un examen de la situation de Saint-Martin-le-Bouillant montre une bonne correspondance entre le site et la description de César.

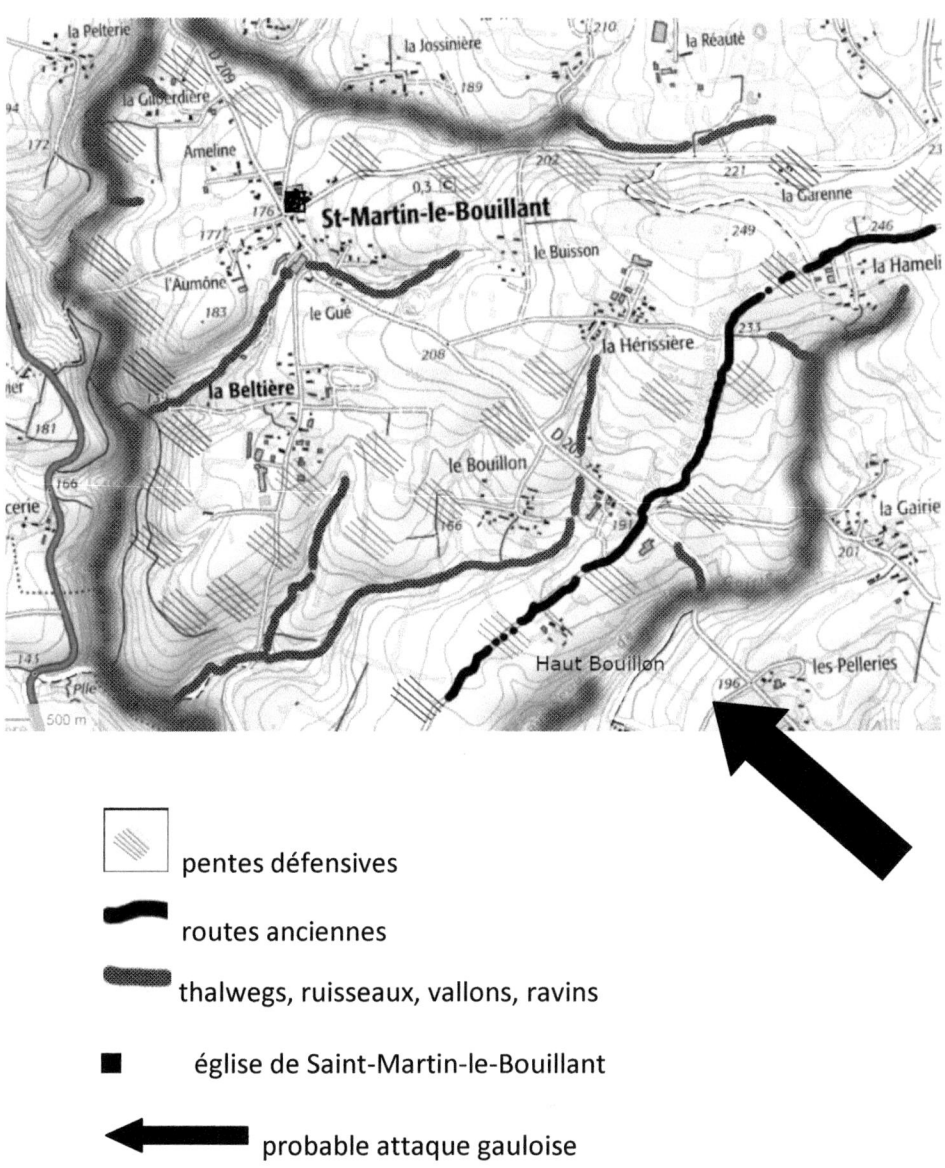

J'ai ajouté à la carte topographique de l' IGN, le lieu-dit "le Haut Bouillon", qui signifierait "le Grand Temple". Le Hameau noté ici "le Bouillon" est en réalité dans la toponymie locale "le Bas Bouillon", qui serait probablement "le petit Temple".

Le site est comme vous le voyez, bien ceinturé par des vallons assez profonds et assez escarpés. Seule la partie nord-est est moins naturellement défendue.

Le site est constituée par une très large butte, parfois creusée par quelques ruisseaux qui assurent un approvisionnement en eau.

Le lieu-dit "le Gué", est possiblement plutôt "le Guet", puisqu'à cet endroit, qui n'est cependant pas le point culminant, on découvre un excellent panorama sur une large partie de la vallée de la Sée et des pentes qui mènent à St-Martin.

Il faut supposer que le *Fanum Martis* de la géographie antique est le Haut Bouillon, situé le long de la grande voie Rennes – Avranches — Caen / Bayeux, qui traverse la carte du sud vers le nord-est.

Villes et lieux antiques

Abrincatis
(Notitia Dignitatum: W35)
NL: **Avranches**
Les autres occurrences concernent le peuple ou la *ciuitas* des Abrincates.

Ad Fines
(Itinéraire d'Antonin)
= station de la route Alauna-Condate, probablement à la limite de la *ciuitas* des Abrincates et des Redones.
Souvent interprétée comme NL: Feins (Ille-et-Vilaine), mais probablement: **le Rocher-Portail** (Ille-et-Vilaine). Voir l' **itinéraire d'Antonin**.

Alauna
Alauna **(Itinéraire d'Antonin)**, *Alauna* **(Peutinger)**
= Alleaume ET Valognes.
Voir **Alleaume**.

Briouera
= **Vire** (Calvados).
Voir à St-Lô.

Constantia
Constantia **(Notitia Dignitatum W35)**, *Constantiae lugdunensis secundae* **(Notitia Dignitatum W38)**
= **Coutances**

Coriallo / Coriouall-
Coriallo **(Peutinger)**, *Coriallo* (sur une monnaie mérovingienne (in Billy, p 187), *pago Coriovallinse* OU *pago de Corialinse*, du latin: *Coriouallens (dans un texte du IXè s).
Voir **Helleville**, qui est peut-être l' ancienne *Coriallo*.

Cosedia

Cosedia OU (par erreur ?) *Cosebia* **(Itinéraire d'Antonin)**, *Cosedia* **(Peutinger)**,
= ville près de **Blainville-sur-mer** et **Coutainville**. Voir à ces mots.

Crociatonum
Crociatonon Limên **(Ptolémée)**, *Crouciaconnum* **(table de Peutinger)** (? erreur de lecture et de copie: "c" pour "t"),
= **St-Lô**.

Fanum Martis (le temple de Mars)
(Itinéraire d'Antonin)
Station de la route Alauna-Condate.
= **St-Martin-le-Bouillant**
Un autre *Fanum Martis*, dans la table de Peutinger (route Reginca-Condate), se situe probablement vers *Dol* OU *Combourg*. Ceux qui le situent à *Corseul* (Côtes-d'Armor) sont probablement dans l'erreur. Voir pourquoi dans ma partie *Table de Peutinger*.

Grannona
Grannonensis, Grannono **(Notitia Dignitatum W35)**,
Grannona in litore saxonico (W35) pourrait-être plutôt *Grandcamp* sur la côte du Calvados.
= **Granville** ET (?) Grandcamp-Maisy (Calvados).

Ingena
Ptolémée: ville principale des Abrigkatouoi.
Aucune trace n'a perduré dans la région. La question reste posée d'une localisation ailleurs d'Ingena et des *Abrigkatouoi*.
Ceux qui la voient dans la baie, près d'Avranches, conjecturent sans raisons.

Legedia
Legedia (Peutinger)
= **Villedieu**

la victoire de Sabinus (dans la Guerre des Gaules)
Voir à **St-Martin-le-Bouillant**.

les anciennes voies

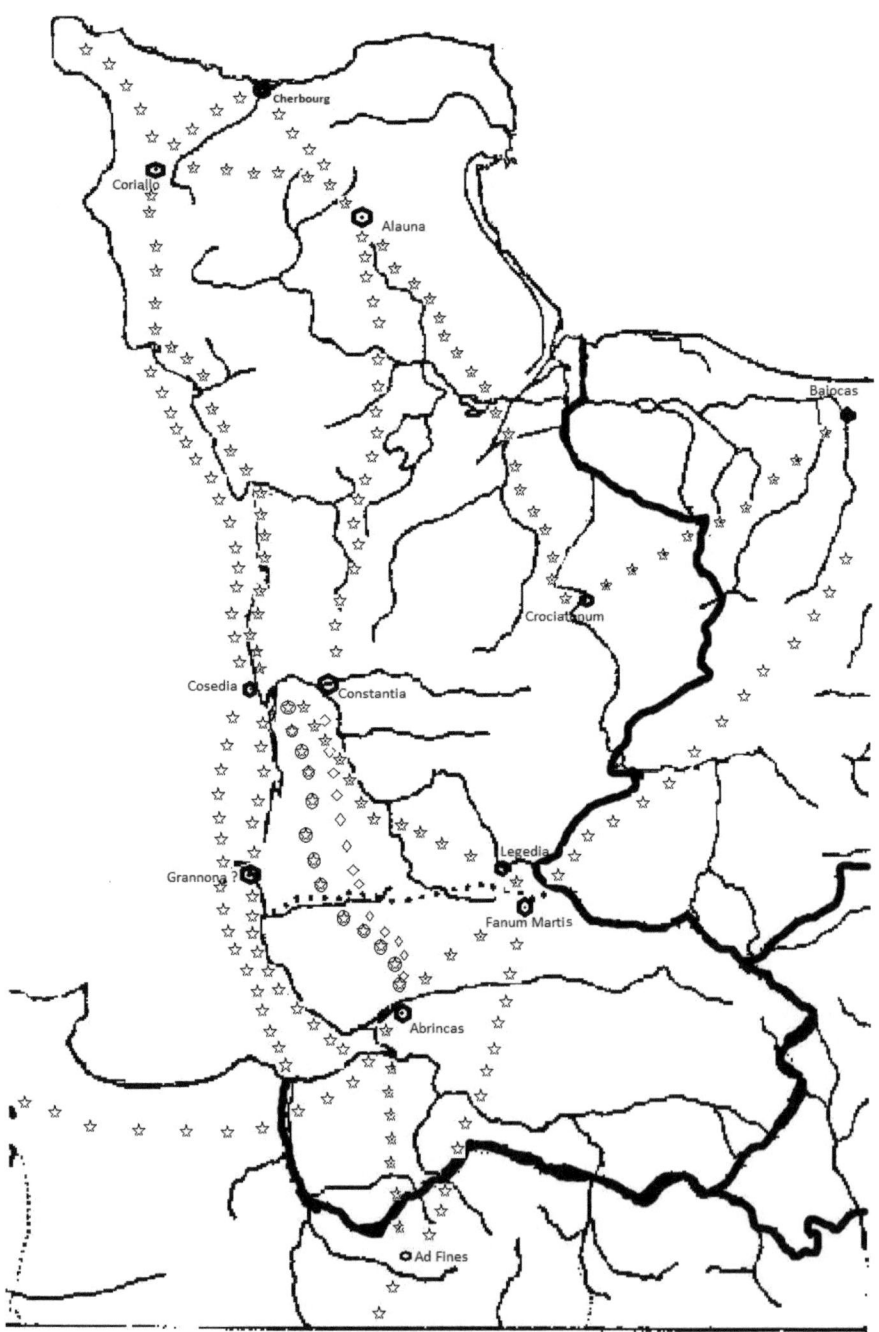

☆ = **voies de la table de Peutinger (IVè s):**

1- *Coriallo-Cosedia-Legedia-Condate*
Le tronçon Coriallo-Cosedia est en grande partie la voie côtière, jalonnée de nombreux hodonymes.
Legedia-Condate se faisait soit par Avranches, soit par Brécey et Vezins (nombreux hodonymes pour les deux voies).

2- *Coriallo-Alauna-Crociatonum-Augustoduo (Bayeux ?)- Aregenua*

☆ = **voie de l' Itinéraire (début IIIè s. ?)**

1- *Alauna-Cosedia-Fanum Martis-Ad Fines-Condate*
Alauna-Cosedia passait soit par la voie côtière, soit par la voie intérieure qui fut modifiée plus tard pour desservir Constantia.
Cosedia –Condate par Fanum Martis doit être similaire au tronçon de Peutinger par Legedia

⊛ = **voie *Abrincas-Cosedia* (puis Constantia)**

Voir mon étude ci-après "la traversée de la vallée du Thar par la voie antique Condate-Cosedia".
Elle se repère aussi par de nombreux hodonymes, dont *La Lucerne*, dans la partie sud; *Montmartin, le Rey, la Haulle, etc*..., dans la partie nord.
J' ai effectué de nombreux repérages sur le terrain.

◇ voie de la Basse Antiquité: *Constantia-Abrincas*.
Il s'agit de la voir repérée dans le CAG 50. Celle qui passe par La-Haye-Pesnel et le Repas.
Le Repas = le Grand (re == ro == hau) Chemin (path).

L' étymon *path* est un représentant d'un paradigme germanique et latin (et, peut-être celte):
latin: *pateo* = être praticable, s'étendre en longueur.
v.haut all: *phad* = voie; gaélique: *badh* = voie.

☆ = autres voies probables

1- la "voie de la mer" qui a sans doute fluctué suivant la position du trait de côte.
Initialement, elle devait probablement passer par le Mt-St-Michel.
On voit encore des traces dans l' estran au large du bec d'Andaine, de Carolles ou de Granville.
Le site dénommé "les Châtelliers", près de Carolles, est, à n'en pas douter, un fort contrôlant cette voie.

autres voies non-marquées sur la carte

1- une voie terrestre "médiévale" (?) Rennes-Granville, quittant le niveau de la mer à St-Jean-le-Thomas, avec des toponymes parlant: la chapelle St-Blaise, etc...

2- une voie Granville-St-Lô traversant la Sienne près de Cérences, puis passant par St-Denis-le-Gast, etc... hodonymes: le *Pont au Ferrey*, le *moulin de la Chaussée*, etc...
Elle fait sa jonction avec la voie Abrincas-Cosedia près de Chanteloup.

INDEX

alternance d / l > Vanlée
étude de l' ancien celtique > Vanlée
assemblage /Rg/ (phonème de l') > Bréhal
Delamarre > St-Martin-le-Bouillant
les deux *directions* de la pensée ancienne > Sangsurière
dualité de l' Univers > Chausey
ethnogenèse des Celtes et des Indo-européens > > St-Martin-le-Bouillant
historiens normands > La Barre-de-Semilly
irréalisme des linguistes > Etienville
l' occident (dans la religion) > Chausey
religion des Aëls > l' Elle
le danger de la *ressemblance* des étymons > Etienville
variété des phonétiques et des écritures > La Baleine

NL
Agonac (Dordogne) > Agon
Besançon > Vezins
Breuil > les Biards
Buis > Beauficel
col de Caunan (Tarn) > Agon
col du Mont-Cenis > Agon
Ferré > Beauvoir
Feyzin (Rhône) > Vezins
Fontainebleau > Blosville
Gien > Agon
Le Guildo > Ptolémée
les Ponts-de-Cé (Maine-et-Loire) > Auxais
Prébayon (Vaucluse) > St-Martin-le-Bouillant
Le Repas > légende de la carte des voies
Rigny > Agon
Sienne (Italie) > Etienville
Vaison (Vaucluse) > Vezins
Le Vésinet (Yvelines) > Vezins
Vire (Calvados) > St-Lô

Vouillé > St-Martin-le-Bouillant

NP individuels:
Etienne / Ethan / Aidan > Etienville

NP individuels gaulois:
Attian-us > Etienville

ND:
Alauna > St-Lô

NR:
la Rance (Ille-et-Vilaine) > Peutinger
la Vendée (Vendée) > Vanlée

gaulois:
caio > les Biards
Mediolanum > Vanlée

ancien celtique du Haut Moyen Age:
allas > St-Lô
fanlige > Vanlée
onut > Vanlée

ancFR
ale / ala (contraction préposition + déterminant) > St-Denis-le-Gast

FR
abbaye > St-Martin-le-Bouillant
cloche > St-Martin-le-Bouillant
clocher > St-Martin-le-Bouillant
sente / sentier > Etienville
ville > Helleville

roman (langue gallo-romano-germanique du Haut Moyen Age):
bigardio > les Biards
breialo > les Biards

latin
suffixe ablatif: -ens > peuples

anglais
farewell > Audouville

gallois
cadw > Canteloup

RACINES

ABRIN / ABARIN = nom du peuple du sud-Manche
> Abrincates > Barenton

AC / ARG = pont
gaul: *acito* = pont.
> Agon

AEL
Voir **EL**.

AHUN / AGUN = pont
> Agon

AIG = domaine, propriété
got: AIGAN* = avoir, posséder.
> Agneaux

AG / AIG = pointe
ancFR: *agun* = pointe, aiguillon
> Agon
Voir **HOG**.

AL / AU = bon, grand
Voir **AU**.

AL / EL = eau
> Saint-Lô

ALD = vieux
> Audouville

AMFRE / FERE = chemin

> Amfreville

ANT / ENT = grand
> St-Martin-le-Bouillant

ANTIN / ANDIN = cap, pointe
> Cotentin

APPE = supérieur
> Appeville

ARD / AUD = protection
> Ardevon > Auderville > Audouville

AREL = pont, passage
> Agon > Airel

ARGEN / AGEN = pont, route, embouchure
gaul: Aregenua
> Agon
Voir **GEN**.

ASE / AZE / ASTE = grand
> Azeville

ASE / AZE / ASTE = bon, convenable, agréable
> Azeville

ASET- / SES- = chemin
> la Sangsurière

ATIN / ETIN / ITIN = chemin, traversée
> Etienville

AU = eau
> Airou

AU / AL HAU / CAU = bon, grand
> Auvers > Auville > Auxais

AUD = protection
Voir **ARD**.

ALAUN = rivière
Voir **LAUD**.

AUME = résidence, maison, patrie
> Alleaume > Aumeville

AUN = maison
Voir **VON**.

AUT / HAUT / CAUT / CONT = grand
> Coutainville > Cotentin

BAIL / VILL = ville, enclos, sanctuaire
> Helleville
Voir **VAL**

BALAN / MALAN / BLAN = moulin, meule
> La Baleine

BAR = havre, refuge
> Barfleur > la Barre-de-Semilly
Voir **BARB**.

BARB = havre
> Barfleur
Voir **BAR**.

BASOGE / MASURE = maison
> la Bazoge

BASS / BOIS / PASS = chemin
> Boisbenâtre

BEL / MEL = moudre
> la Baleine

BEL / UER = important, grand, bon
> Beauchamp > Beaucoudray > Beauficel > etc...

BENASTRE = très bon
> Boisbenâtre

BENE = bon (**benest** = très bon)
> Benoistville

BENE / BANN = chemin
> Benoistville > Biniville

BER / UER / BEL / = important, grand, bon
Voir **UER**

BERN / FERN / PERN / PERIN = chemin
> Besneville > Biniville

BES = bon
> La Beslière > Beslon

BES /BESN = chemin
> Besneville > Beuzeville

BEU = liquide, eau, eau trouble, boue

> Beuvrigny

BIARD = enclos
> les Biards

BLAIN / BREN = principal, chef
> Blainville

BLAU / BLAUT = aller en avant
> Blosville

BOIS / BASS / PASS = chemin
> Boisbenâtre

BOIS / BOS / BOSC = hutte, habitation
> Boisroger

BOUI / UOU / = voeu, prière
> St-Martin-le-Bouillant

BREAL / BREUIL = enclos, maison
> les Biards > Brehal

BREN / BLAIN = principal, chef
Voir **BLAIN**

BUS / BEUS / MUS = chemin
> Beuzeville

BY- / BU- = demeure
> Coutainville

CAIO / CAIV = enclos
> les Biards

CAU / CO
Voir **AU**.

CAUT / AUT / HAUT / CONT = grand
> Coutainville > Cotentin

CÉ / SEI / CEI / = chemin, passage
> Auxais

CEN
Voir **GEN**.

CHAMP / HAMM = lieu d'habitation, camp
> Beauchamps

CHEN = pont, route
Prononciation de la racine **GEN**.

CLAD / CLAN / CLUD = enclos, enclos sacré
> St-Martin-le-Bouillant

CONT / AUT / HAUT / CAUT / = grand
> Coutainville > Cotentin

COT /COUD = maison
> Beaucoudray

CROC = courbe, virage
> St-Lô

DI / TI = maison
> Coutainville > Villedieu

DIA / DÉ = dieu
> Villedieu

EA = eau
> Ay

EL / AEL / AIL / IL / AL = nom du peuple du Cotentin == les Aëls OU Gaëls.
> Agneaux > Alleaume > la Barre-de-Semilly

ETIN / ATIN / ITIN = chemin, traversée
> Etienville

FERE / AMFRE = chemin
Voir **AMFRE**.

FERN = chemin
Voir **BERN**

FLOT = bateau
> Barfleur

FLU / FLUR = flots, mer
> Barfleur

FUISSEL / FICEL / FUSER = chemin
> Beauficel

GAT / CAT / GAST / HASTE = chemin
> Ancteville > Anctoville > St-Martin-le-Bouillant > St-Denis-le-Gast

GEN / CEN = pont, passage
Voir **ARGEN**.

HAMM / CHAMP / = lieu d'habitation, camp
> Beauchamps

HAUT / AUT / CAUT / CONT = grand
> Coutainville > Cotentin

HOG / ROC = pointe, cap
Voir **AG**.

ITIN / ATIN / ETIN = chemin, traversée
> Etienville

ITON = rivière
> Ay

IVON = au-dessus, haut, grand
> Boisyvon

LAX / LESC / LOG = abriter, loger
> Lestre

LAUD / LOT / ALAUN = rivière
> St-Lô

LAUD- = passage, pont
> St-Lô

LEG / LIC = passage, pont
> Villedieu

LIERE / LAIR = refuge, tanière
> La Beslière

LON = chemin
> Beslon

MALAN / BALAN = moulin, meule
> La Baleine

MASURE / BASOGE = maison
> la Bazoge

MEL / BEL = moudre
> la Baleine

OND / VEND = assembler, unir
> Vanlée > Unelli

ONDEI / VENDEI = rivière
> Vanlée

PASS / BASS / BOIS = chemin
> Boisbenâtre > légende de la carte des voies

REI = chemin
 > Beaucoudray

RINN / RENN = pont, passage
> Agon > Beuvrigny

ROC = pointe, cap
Voir **HOG**.

ROGE / ROUGE = grand, important
> Boisroger

RON = écoulement
> Beuvron

SAN / SANCT = refuge, sanctuaire
> Saint-Lô
Voir aussi **TON-**.

SEI / CEI / CÉ = chemin, passage
> Auxais

SEM / SOM = tribu, peuple, groupe d'hommes
> la Barre-de-Semilly

SES- / ASET- = chemin
> la Sangsurière

TI / DI = maison
> Coutainville > Villedieu

TON / DUN / SAN = ville, habitation
> Barenton > St-Lô

UAD = passage, gué
> Beuzeville-sur-le-Vey

UASIN / FASIN = pont, passage
> Vezins

UER / BEL / BER = important, grand, bon
> Beauchamp > la Beslière

UOU / BOUI = voeu, prière
> St-Martin-le-Bouillant

VAL = chemin
> Beauchamps

VAL / BAIL = ville, enclos
> Belval

VEI = voie , passage
> Beuzeville –sur-le-Vey

VEND / OND = assembler, unir
> Vanlée > Unelli

VENDEI / ONDEI = rivière
> Vanlée

VER / FER = chemin
> Auvers > Beauvoir

VILL / WILL / FILL = chemin
> Appeville > Audouville > Aumeville > Auville

VIR / VAR = eau
> la Vire

VON / AUN = maison
> Ardevon > Alleaume

liste des toponymes et hydronymes étudiés dans le livre

Agneaux
Agon
Airel
NR: l' Airou
Alleaume
Amfreville
Ancteville
Anctoville-sur-Boscq
Anglesqueville-Lestre
Appeville
Ardevon
Auderville
Audouville-la-Hubert
Aumeville-Lestre
Auvers
Auville-sur-le-Vey
Auxais
Avranches
Avranchin
NR: l'Ay
Azeville
La Baleine
Barenton
Barfleur
La Barre-de-Semilly
La Bazoge
Beauchamps
Beaucoudray
Beauficel
Beauvoir
Belval
Benoistville
La Beslière
Beslon
Besneville

Beuvrigny
NR: le Beuvron
Beuzeville-au-Plain
Beuzeville-la-Bastille
Beuzeville –sur-le-Vey
Les Biards
Biniville
Blainville-sur-mer
Blosville
le Bocage
Boisbenâtre
Boisroger
Boisyvon
Bréhal
Canteloup
Chausey (îles)
Cherbourg
le Cotentin
Coutainville
Coutances
NR: l' Elle
Étienville
Goury
Le Grand Trait
Granville
Helleville
Lestre
NR: le Lude
Portbail
Regnéville
Reigneville-Bocage
Saint-Denis-le-Gast
Saint-Lô
Saint-Martin-le-Bouillant
La Sangsurière
marais de la Sangsurière
Valognes
la Vanlée OU Venlée

Vezins
Villedieu-les-Poëles
NR: la Vire

la fiabilité des hypothèses historiques

L' Histoire n'est pas la somme de ce que nous disent les documents anciens, elle est le produit de la réflexion d' historiens qui doivent interpréter ces documents.
Par conséquent, l' histoire est la somme des hypothèses des historiens.
Par cela, je souhaite montrer la variabilité de la fiabilité des historiens.
Les hypothèses historiques peuvent être classées ainsi:
F1 (= Fiabilité 1)- hypothèse logique confirmée par un raisonnement sans faille, OU par de nombreux faits ou documents.
F2- hypothèse rendue possible ou plausible, soit par la logique et la réflexion (car il n'existe pas des documents pour tous les sujets !), soit par la concordance de faits ou de documents.
F3- hypothèse conjecturale, reposant sur un raisonnement OU un ou deux faits ou documents.
F0- hypothèse sans fondement, ou sans raisonnement logique.

Il est nécessaire de rappeler qu'en ce qui concerne l' Antiquité et le Moyen Age, les hypothèses (devenues Histoire officielle) sont de la troisième catégorie, ou même de F0 !
Le problème provient de la rareté ou de l'univocité des sources (Clergé), OU même souvent de l' absence de sources ET même, fréquemment, de la manipulation des sources !

L' objectif de cet ouvrage est de partager mes découvertes, issues des études que j' ai entreprises il y a une quinzaine d' années, et que j' ai baptisées "langue-et-histoire", tant il me semblait que les données linguistiques avaient été si peu mises à contribution pour reconstituer l' Histoire.

Ces études ont tenu toutes leurs promesses et, sans forfanteries, je sais qu' elles feront date dans l' histoire de la pensée.